175 JAHRE HENSCHEL · DER STÄNDIGE WEG IN DIE ZUKUNFT 1810–1985

175 JAHRE HENSCHEL

DER STÄNDIGE WEG IN DIE ZUKUNFT 1810–1985

Sechs Beiträge zur Firmengeschichte
von Carl-Friedrich Baumann

Steiger

CIP-Kurztitelaufnahme der Deutschen Bibliothek

Baumann, Carl-Friedrich:
175 [Hundertfünfundsiebzig] Jahre Henschel: d. ständige Weg in d. Zukunft; 1810–1985; Sechs Beitr. zur Firmengeschichte / von Carl-Friedrich Baumann. – Moers: Steiger, 1985.
ISBN 3-921564-86-7
NE: Thyssen Henschel <Kassel>

Der Verfasser fühlt sich vielen Mitarbeitern und Pensionären von Thyssen Henschel sowie Mitgliedern der Familie Henschel zu Dank verpflichtet. Sie haben diese Beiträge zur Firmengeschichte durch weiterführende Hinweise, kritische Anmerkungen und großzügige Überlassung eigener unveröffentlichter Ausarbeitungen wesentlich gefördert. Dank gebührt auch den Leitern und Mitarbeitern folgender Institutionen für Auskünfte und Reproduktionsgenehmigungen: Hessisches Hauptstaatsarchiv Wiesbaden, Hessisches Staatsarchiv Marburg, Grafische Sammlung und Abteilung für Technikgeschichte der Staatlichen Kunstsammlungen Kassel, Stadtarchiv und Stadtmuseum der Stadt Kassel, Städtische Sparkasse Kassel, Presse-Illustrationen Carl Eberth Kassel, Stadtarchiv Düsseldorf, Bibliothek des Vereins Deutscher Eisenhüttenleute Düsseldorf, Universitätsbibliothek Bremen, Liebig-Museum Gießen, Westfälisches Wirtschaftsarchiv Dortmund sowie der Fernleihstelle der Stadtbibliothek Essen für die oft schwierige Beschaffung seltener gedruckter Quellen.

Graphische Gestaltung: Eckhard Waasmann
Reproduktionen: Rheinische Repro-Technik GmbH, Düsseldorf
Satz: Baumann & Mäurer, Düsseldorf
Druck und Einband: Boss-Druck, Kleve

ISBN 3-921564-86-7

Inhalt

Vorwort des Geschäftsbereichsvorstands Thyssen Henschel	7
Vorwort des Betriebsrats Thyssen Henschel	9
Sechs Generationen Henschel in Kassel Ein Beitrag zur Unternehmergeschichte 1777–1957	11
Der Weg zum Konzernwerk Ein Beitrag zur Unternehmensgeschichte 1957–1985	31
Vom Gießhaus zur Maschinenfabrik Ein Beitrag zur Kasseler Werksgeschichte 1810–1985	35
Vom „Drache" zum ICE Ein Beitrag zur Verkehrstechnik 1848–1985	49
Vom Dampffahrzeug zum Lastkraftwagen Ein Beitrag zur Fahrzeug-, Motoren- und Getriebeentwicklung 1803–1969	63
Vom Zwölfpfünder zum „Fuchs" Ein Beitrag zur Wehrtechnik 1795–1985	71
„Der ständige Weg in die Zukunft" Von Werner Bartels	77
Quellen- und Literaturverzeichnis	79
Zeittafel	81

Dies ist ein Buch des Dankes für alle, die in einer 175jährigen Geschichte unser Unternehmen in guten und in schlechten Tagen begleitet haben:

An unsere Kunden in aller Welt, die durch ihre Entscheidung für Henschel und seine Produkte den Bestand des Unternehmens, die Arbeitsplätze und damit eine Voraussetzung für ein lebenswertes und erfülltes Berufsleben aller Mitarbeiter sichern.

An unsere Mitarbeiter und Pensionäre, die durch ihr Können, Wissen und ihren Einsatz ihre „Henschelei" geprägt und zugleich an einem Kapitel Industrie- und Technikgeschichte mitgewirkt haben.

Ihnen allen haben wir anläßlich des Jubiläums unseren Dank auszusprechen, und ihnen allen gilt die Zusage des Vorstands, alles zu tun, damit die Zukunft für Henschel gesichert bleibt.

Kassel, im Mai 1985

Thyssen Industrie AG Henschel

Vorstand

Dr. Hans-Erich Forster

Georg Acker

Dr. Ludwig Engels

Hans-Richard Hippenstiel

Dr. Heiko Körnich

Wenn wir Henschelaner in diesem Jahr das 175jährige Bestehen unserer Firma feiern können, dann erfüllt uns dies mit besonderer Freude, aber auch mit einem gewissen Stolz.

Alle Höhen und Tiefen unseres Unternehmens haben wir miterlebt.

Dank einer hervorragenden Mannschaft von hohem Fachwissen und der Bereitschaft, dem Betrieb in guten wie in schlechten Zeiten die Treue zu halten, wurde es immer wieder möglich, bestehende Schwierigkeiten abzubauen bzw. zu überwinden.

Und wenn heute wie seit vielen Jahren Henschel-Produkte weltweit einen sehr guten Ruf genießen, dann ist dies eine Leistung aller im Unternehmen beschäftigter Kolleginnen und Kollegen einschließlich unserer Pensionäre.

Dafür möchten wir als Betriebsrat allen Mitarbeitern sowie den Pensionären und Freunden der Firma unseren Dank aussprechen.

Unser Wunsch ist, daß es uns trotz schwieriger Zeit gemeinsam gelingen möge, auch weiterhin die Henschelei als das Traditions-Unternehmen unserer Region zu erhalten, um für viele Tausende von Menschen den Arbeitsplatz und damit das Auskommen für die Familien zu sichern.

Kassel, im Mai 1985

Thyssen Industrie AG Henschel

Betriebsrat

Willi Beißel

Kurt Kistner

Sechs Generationen Henschel in Kassel
Ein Beitrag zur Unternehmergeschichte: 1777–1957

Georg Christian Carl Henschel
1750–1835

Was Georg Christian Carl Henschel 1777 veranlaßt haben mag, von seiner Vaterstadt Gießen, im Herzogtum Hessen-Darmstadt gelegen, in das „ausländische", hundert Kilometer entfernt liegende Kassel zu wandern, wird wohl nicht zu ergründen sein. Vielleicht war es der Reiz der Hauptstadt des Fürstentums, die erheblich näher lag als die Hauptstadt seines Herzogtums, Darmstadt, vielleicht war es der Ruhm des kurhessischen Militärs. Vielleicht wußte er aber auch, daß der landgräfliche Stück- und Rotgießer Johann Friedrich Anton Storck in der Zunft besonders angesehen war. Bei ihm fand der 18jährige Geselle auf Anhieb Arbeit. Er hatte bei seinem Vater das Handwerk gelernt und war ein Jahr zuvor als „Sohn des Meisters", wie es damals in der Zunftordnung hieß, freigesprochen worden.

Die Familie Henschel läßt sich bis ins 15. Jahrhundert zurückverfolgen. Der erste Henschel hat um 1500 in Breslau gelebt. Der erste Rotgießer der Familie, Johannes Henschel, wanderte 1614 nach Mainz und verlegte seinen Wohnsitz 1637 nach Gießen. Fünf Generationen hindurch waren die Henschels dort Fürstliche Glockengießer.

Als sich Georg Christian Carl Henschel auf die vorgeschriebene Wanderschaft machte, hatte das industrielle Zeitalter in Deutschland kaum begonnen. Nach vielen Versuchen waren gerade die ersten brauchbaren Dampfmaschinen nach englischen Vorbildern entstanden. Die Steinkohle wurde noch ausschließlich im Tage- oder Stollenbau gewonnen, Stahl nur durch Umschmieden hergestellt und schweißen konnte man nur im offenen Feuer. Der wichtigste Formgebungsprozeß für Teile aus Metall war das Gießen. Zwar kannte man bereits Blechwalzwerke, aber deren Erzeugnisse waren ebenso wie Schmiedeeisen sehr teuer, und das Schmieden komplizierter Formen stieß schnell an Grenzen.

Kassel war schon 1706 Schauplatz eines Dampfpumpen-Experiments gewesen, das Denis Papin, der auch den Dampfkochtopf erfunden hat, für Landgraf Karl durchführte. Aber der Fürst verlor bald das Interesse und so blieben die frühen Kasseler Dampfmaschinenversuche im Ansatz stecken. Als Henschel rund 70 Jahre später dort eintraf, war Kassel Residenzstadt eines der vielen deutschen Kleinstaaten und zählte gerade 18 000 Einwohner.

Der junge Geselle muß ein tüchtiger Handwerker gewesen sein, denn bereits nach drei Jahren wurde er Teilhaber an der Gießerei, die Storck als Staatsbediensteter, wie damals üblich, auf private Rechnung betreiben durfte, und gleichzeitig wurde er Schwiegersohn seines Prinzipals. Es war wohl, wenn man der Familienüberlieferung Glauben schenken darf, Liebe auf den ersten Blick, die ihn mit Christine Wilhelmine Friedericke Storck vom ersten Augenblick an verbunden hat. Vielleicht war es ihr und weniger dem Meister zu verdanken, daß sich der junge Mann, dessen Schreib- und Rechenkünste sehr gering waren, auch intensiv hinter die Bücher setzte.

Können und Fleiß mögen der Grund gewesen sein, daß Landgraf Wilhelm IX. im Jahr seines Regierungsantritts 1785 ein gemeinsames Privileg für Storck und Henschel ausstellte und ihm 1795, zwei Jahre nach dem Tode seines Schwiegervaters, die „vacante Stückgießerstelle gegen die freye Wohnung in dem dasigen Gießhause und Benutzung des daneben liegenden Gartens" verlieh. Für das Ehepaar Henschel, dessen zehntes Kind 1802 zur Welt kam, war das eine willkommene Entlastung der Haushaltskasse. In den ersten Jahren scheint es etwas knapp hergegangen zu sein; durch die Tüchtigkeit des jungen Paares hat aber im allgemeinen wohl keine Not geherrscht. Der Mittagstisch versammelte regelmäßig 14 bis 16 Personen, davon 5 bis 6 Gesellen. Zudem gab es Mittags-Kostgänger; ein Leutnant Köhler unterrichtete, wohl anstelle eines Kostgeldes, die Söhne zusätzlich zum Schulunterricht in Mathematik. Die Töchter, von denen zwei früh starben, lernten je nach Wunsch und Begabung schneidern, Haus- und Gartenarbeit, musizieren und singen.

Es herrschte ein geselliges Leben im Gießhaus. Zu den ständigen Besuchern gehörten neben Köhler, der zuletzt Oberst des Artillerie-Corps war, andere Offiziere, ein Kriegsrat und ein Arzt. Welches Ansehen Georg Christian Carl Henschel und seine Frau genossen, läßt sich allein aus den Berufen der späteren Schwiegersöhne erkennen: Drei waren Artillerie-Offiziere, einer Friedensrichter und später Amtmann und ein fünfter Kunstmaler.

Auch wirtschaftlich kann es Henschel auf die Dauer nicht allzu schlecht gegangen sein. Ende 1799 erwarb er zum Ausbau von Gießerei und Werkstätten das neben dem Gießhaus gelegene Freyhaus, ein dreistöckiges Gebäude, das sich ein Hessen-Kasseler Minister angeblich für 40 000 Taler hatte bauen lassen. Henschel erhielt es allerdings wohlfeil für etwa ein Fünftel des Betrages, weil es im Gebäude gespukt haben soll. Gießhaus und Freyhaus bildeten mit Nebengebäuden und Höfen einen geschlossenen Komplex in der Kasseler Altstadt, in der Nähe des Wesertors, mit Treppen, Durchgängen und malerischen Winkeln. Das Freyhaus wurde an verschiedene befreundete Familien vermietet, die Nebengebäude abgebrochen oder zu Werkstatt- und Lagerräumen umgebaut.

Das dreistöckige Gießhaus war mit einer Fassadenlänge von 30 Metern und einer Firsthöhe von fast 20 Metern ein durchaus stattliches Gebäude, das 1707 wahrscheinlich nach Entwürfen des Architekten Paul du Ry fertiggestellt worden war. Das später entstandene, etwas kleinere Freyhaus schloß sich unmittelbar östlich an. Die Hauptfronten beider Häuser lagen an der Weserstraße. In die Gießerei – an der Freyhaus-Seite – führte ein großes Tor, das über beide Stockwerke des Gießhauses reichte. Auf der anderen Seite des Gebäudes lag die Schmiede. Über der Gießerei befanden sich Werkstätten und die Gesellenwohnung. Die Gießerfamilie wohnte im dritten Stock unter dem mächtigen Dach. Die große Wohnung lockte häufig Logierbesuch aus der „Provinz" an, wobei die Gastfreundschaft der Henschels besonders von der nicht ganz so wohlhabenden Verwandtschaft gelegentlich ausgenutzt wurde.

Gießerei und Schmiede waren durch das Treppenhaus und eine Holzwand getrennt, deren Bohlen herauszunehmen waren. Durch die Öffnung konnten die Gußstücke in die andere Haushälfte gebracht werden, die über beide Stockwerke ging und in der neben den Schmiedeessen auch eine senkrecht arbeitende Bohrmaschine stand. Um besonders lange Geschützrohlinge einspannen zu können, gab es im Boden der Stückgießerwohnung eine Klappe, die bei Bedarf geöffnet wurde. Der Antrieb der Bohrmaschine erfolgte durch einen Pferdegöpel. Auch wenn hohe und höchste Herrschaften dem Abguß eines Stückes zusehen wollten oder wenn eine Maschine vorgeführt wurde, entfernte man die Bohlenwand, um dem Publikum ausreichend Platz zu schaffen.

Ein unternehmerisches Konzept für Gießerei und Werkstatt gab es bei Henschel anfangs gewiß nicht. Das mußte allerdings auch nicht unbedingt sein, denn als fürstlicher Stückgießer stand Henschel im öffentlichen Dienst, wenn auch ohne festes Gehalt. Mit seiner Werkstattarbeit für private Kunden war er Unternehmer auf eigene Rechnung. Neben dem Geschütz- und Glockenguß beschäftigte er sich mit der Anfertigung „mehrerer Bley- und anderer Gußwaaren und sonstiger ins Maschinenwesen einschlagenden Sachen". 1788 wurde die nachweisbar erste Feuerspritze von Storck und Henschel für 22 Louisdor

Plan der Stadt Kassel, Gießhaus und Freyhaus lagen im Osten der Altstadt in Höhe des Wesertors. 1781

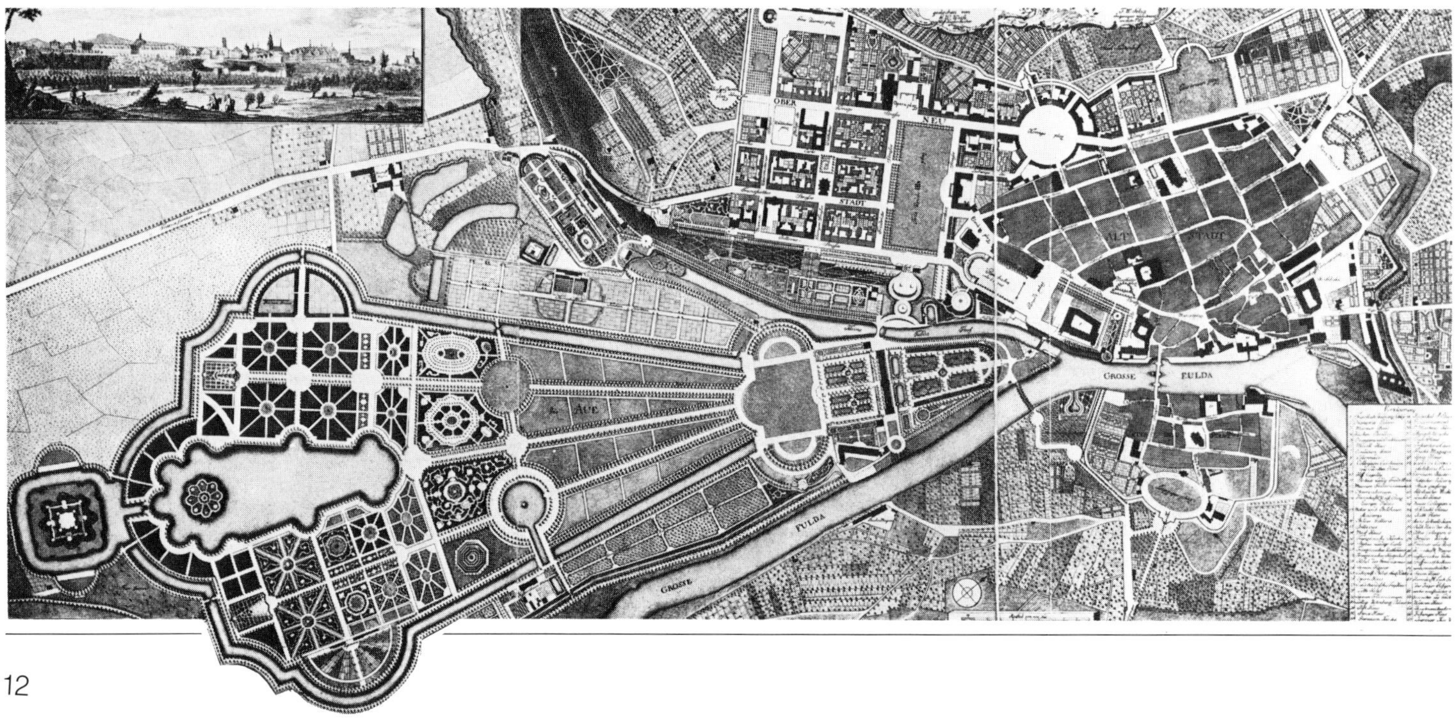

(etwa 143 Taler) nach Zittau verkauft. Ein Jahr zuvor hatte das angesehene „Journal von und für Deutschland" über eine Feuerspritze berichtet, von der der Verfasser wünschte, „daß mehrere bemittelte Städte und Gemeinheiten sich entschließen möchten, jenen Künstlern durch Bestellung solcher – nach meinem Begriff – so weit als möglich perfectionnirten Feuerspritzen Gelegenheit zu verschaffen, ihre Talente in diesem Fach bekannter und gemeinnütziger zu machen".

Skizze einer Feuerspritze, wahrscheinlich von C. A. Henschel

Die Rede war von dem „Fürstlich Hessischen Stückgießer Herrn Storck zu Cassel und dessen Schwiegersohn G. C. C. Henschel, zweyen erfindungsvollen Köpfen und geschickten praktischen Mechanikern". Die Konstruktion verspritzte nicht nur das Wasser, sondern saugte es auch gleichzeitig aus einer Wasserstelle an, besaß neben zwei beweglichen Spritzrohren zwei Anschlüsse für Schläuche und überdies zwei „kupferne Wärmer oder Kohlpfannen …, welche die unausbleibliche Wirkung haben, das Wasser vor dem Einfrieren zu bewahren".

Nach eigenen Entwürfen baute Henschel 1796 für die Werkstatt ein Bleiwalzwerk und „verwendete zu den dazu nöthigen Maschinen und Apparaten mit viel Risico" sein ganzes Vermögen. Bisher mußte „Dachbley" aus England eingeführt werden. Henschels Bleiblech kostete pro Zentner 11 Taler und diente zur Herstellung von Rohren, zum Decken von Dächern und „zum Tapezieren feuchter Zimmer und Gewölbe im Innern der Gebäude". 1817 beantragte Henschel die Verlängerung des Produktionsprivilegs und zusätzlich die Genehmigung zum Alleinverkauf. Das erste wurde unter dem Vorbehalt, daß vergleichbare Preise gefordert würden, eingeräumt; das Verkaufsprivileg versagte die Oberrentkammer jedoch mit einem deutlichen Hinweis auf die Gefahren eines Monopols für die Wirtschaft des Landes.

Sachkunde und Zuverlässigkeit brachten Georg Christian Carl 1796 das Amt des Herrschaftlichen Brunnenleiters mit einer jährlichen Nebeneinnahme von 112 Talern ein, von denen allerdings 48 Taler in Korn, Gerste, Hafer und Erbsen bezahlt wurden. Er war verantwortlich für die Wasserversorgung der „Fürstlichen Häusser, Garten, Orangerie-Gebäude, Baad- und Küchen-Pavillon", für die Quellen, Brunnen, Teiche und Fischbehälter, für Rohrleitungen und Mauerwerk der Residenz. Wer Kassel und die Wasserspiele am Herkules kennt, wird die Verantwortung des Brunnenmeisters ermessen können.

Gießhaus (links) und Freyhaus, Blick von der Weserstraße. Anfang 19. Jahrhundert

1806 besetzten die Truppen Napoleons das neutrale Fürstentum Kurhessen. Wer wie die Franzosen Krieg in ganz Europa führte, konnte sich nicht allein auf die Versorgung aus dem Heimatland verlassen. Unter französischer Aufsicht goß Georg Christian Carl Henschel Kanonenrohre für die Besatzung. 1808 wurde sein Privileg durch Kriegsminister Morio erneut bestätigt und sein Jahreseinkommen auf 600 Francs festgesetzt; außerdem hatte er weiterhin freie Wohnung im Gießhaus.
Aber auf die Dauer gab es Differenzen mit dem napoleonischen Stadtkommandanten, dem Artilleriegeneral Alix. 1809 hatte der General die Rechnung von Henschel bereits um zwei Drittel gekürzt. Für einen neuen Auftrag, der ein Jahr später erteilt werden sollte, verlangte Henschel eine schriftliche Bestätigung der mündlichen Preisvereinbarung. Nach einigem Hin und Her stellte Alix schriftlich nicht durchführbare technische Forderungen, und als Henschel ablehnte, erhielt er die Aufforderung, die Werkstatt im Gießhaus und eine Wohnstube zu räumen. Außerdem sollte er das gesamte Inventar abliefern. Henschel faßte diese Aufforderung als Räumungsbefehl auf und verließ mit sieben Familienangehörigen, einem Pflegekind, zwei Mägden und fünf Gesellen das Gießhaus. Der Auszug aus dem Gießhaus am 28. Juni 1810 war der eigentliche Anfang der heutigen Henschelei.

Auszug von G. C. C. Henschel aus dem staatlichen Gießhaus am 28. Juni 1810

Eine Bleibe fand die Familie im benachbarten Freyhaus, in dem zufällig eine Wohnung leer stand. Der Schritt in die völlige Selbständigkeit war nicht leicht, denn allein die finanziellen Lasten der französischen und später auch russischen Einquartierung drückten auf das Familienbudget. Für den wirtschaftlichen Fortbestand mußte Henschel im Hintergebäude und auf den angrenzenden Grundstücken eine neue Gießerei einrichten und die Werkstatt erweitern.

Unterstützt wurde er dabei von seinem zweiten Sohn Johann Werner, der nach der Lehre als Rot-, Stück- und Glockengießer beim Vater zunächst in Kassel seine schon vorher begonnene Ausbildung zum Bildhauer fortsetzte. Von 1805 bis 1810 studierte er in Paris an der Kunstakademie, kehrte dann aber mit dem Auftrag, ein Bronzedenkmal Napoleons für Kassel zu schaffen, zurück. In der Notzeit der Vertreibung arbeitete er im väterlichen Betrieb mit, gab die Hälfte seiner Besoldung, die er von König Jérôme als Künstler erhielt, für den Haushalt ab und schoß sogar 1 000 Taler, die er als Entwurfshonorar für ein Grabmal eines französischen Generals erhalten hatte, als Betriebskapital ein. Erst 1826 verließ er die Werkstatt, um nur noch als Künstler tätig zu sein. Doch wurden seine Bronzearbeiten – vom Ofen über das Ziergitter bis zur Großplastik – in der Gießerei des Vaters gegossen. Ursprünglich war vorgesehen, daß Johann Werner die Gießerei übernehmen und der älteste Sohn Carl Anton Staatsbeamter werden sollte. Gerade das Gegenteil stellte sich ein. Der Bildhauer wurde 1832 zum Professor an der Kasseler Kunstakademie, einer der vier in Deutschland, ernannt, blieb nur bis 1843 in seiner Heimatstadt und starb sieben Jahre später in Rom. Dagegen war Vater Henschel durch Carl Anton, der 1817 eine Teilbeurlaubung aus dem Staatsdienst hatte erwirken können, inzwischen stark entlastet worden.
Den Wandel von der Werkstatt zur Fabrik, der nun einsetzte, hat der alte Stückgießer wohl nicht mehr recht verfolgen können. So war es ihm in seinen letzten Jahren unbegreiflich, daß eine Stahlfeder nur wenige Pfennige kosten sollte. Nach seinen Vorstellungen hätte sie mindestens zehn gute Groschen wert sein müssen, weil man sie billiger doch nicht – mit der Hand – herstellen konnte. Eine industrielle Massenfertigung mußte dem alten Handwerker immer fremd bleiben. 1835, drei Jahre nach dem Tod seiner Frau, den er nie überwunden hat, ging auch sein arbeitsreiches Leben zu Ende. Den Brand des alten Gießhauses, mit dem die zweite Etappe der Henschelei auf dem Weg zum Weltunternehmen begann, hat er nicht mehr erlebt.

Carl Anton Henschel 1780–1861

Carl Anton Henschel begann seine berufliche Laufbahn nicht, wie fünf Generationen Henschel vor ihm, als Lehrling in der Gießerei. Carl Anton sollte Staatsbediensteter werden, und es entsprach wohl seiner Neigung, daß er sich für die technische Laufbahn entschloß. Damit konnte er Baumeister werden, worunter man damals die Tätigkeit des Architekten ebenso verstand wie die des Ingenieurs. Nach dem Besuch des Kasseler Lyzeums und der Kunstakademie sowie Privatstunden in Mathematik – anders als sein Vater also mit einer soliden Vorbildung – trat er mit 17 Jahren als unbesoldeter Accessist beim fürstlichen Baudepartement in den kurhessischen Staatsdienst ein; diese Stellung entsprach etwa der eines Praktikanten. Beschäftigt wurde er in der Expedition – heute würde man Schreibstube oder Sekretariat sagen – und mit geometrischen, also zeichnerischen Aufgaben.
Schon während der Ausbildungszeit entwarf er eine Pumpenanlage für die Saline Sooden, mit der die Sole zutage gefördert und auf die Gradierwerke verteilt wurde. Sie diente im Notfall auch als Feuerspritze. Die Metallteile wurden in Vaters Werkstatt hergestellt. Die Konstruktion war so solide, daß die Pumpe ein Jahrhundert lang in Betrieb war, trotz der aggressiven Salzlösung. Gewiß hat Vater Henschel dem Sohn manche handwerkliche Erfahrung weitergegeben.
1803 wurde Carl Anton mit einem Jahresgehalt von 345 Talern fest in den Staatsdienst übernommen und erhielt als Kurfürstlich-Hessischer Baumeister die Leitung der Saline Schmalkalden. Zuvor war ihm eine Stelle als Baukondukteur der Königlich-Sächsischen Salinen zu Artern und Kösen an der Saale mit 300 Talern Gehalt, 75 Scheffeln Kohle und freier Wohnung angeboten worden. Jedoch genehmigte der Kurfürst nicht, daß Carl Anton die Stelle im „Ausland" antrat. Sowohl das sächsische Angebot als auch die kurfürstliche Berufung waren für den 24jährigen Berufsanfänger Beweise besonderen Vertrauens, denn die Salzgewinnung trug als landesherrliches Monopol nicht unwesentlich zu den Staatseinnahmen bei.
Die Gründung des Königreichs Westphalen, zu dem auch das Kurfürstentum Hessen geschlagen wurde, durch Napoleon I. ermöglichte Carl Anton, 1808 doch Königlich-Sächsischer Baumeister für die Salinen Kösen und Artern zu werden. Kösen war damals eine Art Modebad, das durch Hufeland, den Leibarzt von Goethe, Schiller, Wieland und Herder eine gewisse Bedeutung erlangt hatte. Henschel war auch für die Kohlenbergwerke in Artern und Dürrenberg zuständig. Sein Gehalt betrug bereits 500 Taler.
1810 kehrte er in seine engere Heimat zurück. Als Königlich-Westphälischer „Ingénieur des Mines Erster Klasse" wurde er Maschinendirektor der Salinen und Bergwerke der Weser-Division mit Sitz in Karlshafen. Nachdem die Franzosen drei Jahre später Kassel geräumt hatten, konnte auch Kurfürst Wilhelm I. in seine Residenz zurückkehren. Die unter dem französischen Regime eingeführten Neuerungen wurden rückgängig gemacht und alle Beamten auf die Posten versetzt und in die Ränge eingestuft, die sie 1806 innegehabt hatten. Henschel nahm allerdings nicht seine alte Stellung in Schmalkalden ein, sondern ging als hessischer Bauinspektor mit 400 Talern Gehalt nach Sooden. Dieser Ort war ihm inzwischen zu einer zweiten Heimat geworden, denn er hatte 1803 Maria Katharine Kröschel, die Tochter des dortigen Oberrentmeisters geheiratet. Sooden sollte aber nicht seine letzte Station bleiben.
Zunächst wurde ihm 1815 zusätzlich die Oberaufsicht über die „Gradierungs- und Kunsteinrichtungen der Salinen Schmalkalden, Karlshafen und Rodenberg" übertragen. Das brachte mehr Ansehen und auch eine Gehaltszulage von 120 Talern. Dennoch wollte er 1817 den Antrag stellen, aus dem Staatsdienst entlassen zu werden. Wohlmeinende Hofbeamte rieten ihm jedoch, seine Eigenschaft als Beamter nicht aufzugeben. Es wurde ihm gestattet, unter Beibehaltung der staatlichen Aufgaben nach Kassel zu ziehen und in die Firma seines Vaters einzutreten.

Neue Fabrik am Möncheberg mit dem Kuppelbau der Gießerei und dem Wohnhaus. 1837

Ob der Entschluß von Carl Anton, nach Kassel zurückzukehren, darauf zurückzuführen war, daß Vater und Bruder den kleinen, durch die Zeitläufte wahrscheinlich verschuldeten Handwerksbetrieb nicht richtig in Schwung bekamen, oder ob er trotz seiner erfolgreichen Karriere als Beamter zu geringe Entfaltungsmöglichkeiten sah, ist nicht zu klären. Daß sein Ansehen im Staatsdienst weiterhin hoch im Kurs stand, wird daraus deutlich, daß er 1821 zum Assessor ernannt wurde und eine Stimme in der Ober-Berg- und Salzwerks-Direktion erhielt. Damit war auch eine kräftige Gehaltserhöhung auf 800 Taler verbunden.

„Seit Antons Rückkehr nach Kassel verwandelte sich allmählich das bisherige Metallwaren-Geschäft in eine Maschinenfabrik." So heißt es wörtlich in einer Familienchronik. Zur Vergrößerung des Geschäfts wurde der Rothemundsche Garten an der Ahnamühle für 5 800 Taler gekauft. Das auf dem Grundstück stehende Haus bezog Carl Anton mit seiner Familie und richtete darin auch eine Werkstatt ein. Sein Bruder kaufte kurz danach den anstoßenden von Uslarschen Garten. Dagegen wurde ein Garten am Mühlenberg verkauft, der bereits dem Vater gehört hatte und der weiter vom Gießhaus entfernt lag. Die Gesellen aßen nun nicht mehr am Tisch des Meisters, sondern erhielten eine Abfindung für das Mittagessen; ein früher Beweis für zusätzliche soziale Leistungen im Gewerbe. Es wurde ein Kontor eingerichtet, ein Werkmeister eingestellt und die Zahl der Gesellen vergrößert. „Unter den vielen Erfindungen und Vervollkommnungen an Maschinen- und Fabrikeinrichtungen, die Anton ersann und ausführte, waren manche von hervorragender Bedeutung, aber leider blieben die Verhältnisse, unter denen er arbeitete, seinem Industriezweige äußerst ungünstig", heißt es in der Familienchronik. Wenn auch 1821 für Kurhessen ein „Handels- und Gewerbs-Verein" in Kassel gegründet wurde, so fürchtete der Kurfürst qualmende Kamine und die Gefahr eines Fabrikproletariats in gleicher Weise.

Dem Staat schienen die Kenntnisse und Fähigkeiten von Carl Anton Henschel weiterhin unentbehrlich zu sein. 1832 wurde er zum Oberbergrat und zum Mitglied der Kurfürstlichen Ober-Berg- und Salzwerks-Direktion ernannt. Erst 1845 erfolgte – auf eigenen Wunsch – im 65. Lebensjahr seine Entlassung aus dem Staatsdienst unter gleichzeitiger Ernennung zum Baurat Dritter Klasse – ein zu damaliger Zeit für einen Techniker hoher Rang.

Die Liste der Erfindungen und Konstruktionen von Carl Anton Henschel ist lang. Auf dem Erfahrungsschatz seiner praktischen Tätigkeit beruhten Entwicklungen von Pumpwerken, Windmaschinen für Hochöfen, Buntmetallwalzwerken, Brückenkonstruktionen, Dampfmaschinen, Förderbahnen. Einige dieser Konstruktionen waren so kühn, daß die vorsichtigen Zeitgenossen eine Verwirklichung nicht zuließen. So schlug er 1833 in einem Wettbewerbsentwurf für eine Donaubrücke eine Kastenträger-Stahlbrücke auf steinernen Pfeilern vor. Die Idee wurde nicht ausgeführt, weil sie in großer Dimension noch nicht erprobt war und dem Bauherrn das Risiko zu groß schien.

Der Handels- und Gewerbs-Verein in Kurhessen – Vorläufer der heutigen Industrie- und Handelskammer – berief Carl Anton Henschel 1834 zum Mitglied. Er wurde als „erster technischer Berater" bezeichnet, leitete Materialversuche, erprobte und konstruierte Maschinen, von denen solche zur Tuchfabrikation, die für das Kurfürstentum eine große Rolle spielte, besonders erwähnt wurden. 1836 wurde ihm anläßlich der Gewerbeausstellung in Kassel die Goldene Ehrenmünze für vaterländischen Gewerbefleiß als einem der Inhaber der „Henschelschen Maschinen-Fabrik" verliehen. Seinen Antrag begründet der Handels- und Gewerbs-Verein gegenüber dem für wirtschaftliche Fragen zuständigen Innenministerium mit einer Laudatio auf den Oberbergrat, „der hinsichtlich seiner hohen wissenschaftlichen und technischen Ausbildung mit Recht einen allgemeinen Ruf genießt, und durch seine Kenntnisse und Erfahrungen bei jeder Gelegenheit mit größter Bereitwilligkeit den Gewerbetreibenden und Staatsbehörden ... die wesentlichste Unterstützung gewährt."

Auch außerhalb Kurhessens wurden seine Leistungen bekannt: So ernannten ihn die Niederrheinische Gesellschaft für Natur- und Heilkunde zu Bonn, die Gesellschaft zur Beförderung der nützlichen Künste zu Frankfurt a. M. und der Verein zur Beförderung des Gewerbfleißes in Preußen zum Mitglied. Es verwundert nicht, daß ihm andere deutsche Staaten verlockende Angebote machten, die er aber regelmäßig ausschlug.

Besondere Aufmerksamkeit wandte Carl Anton Henschel dem Verkehrswesen zu. In der Verbesserung der Transportwege durch Eisenbahnen sah er die bedeutendste Möglichkeit, den Wohlstand seines verkehrsmäßig wenig erschlossenen Heimatlandes zu heben. Schon 1822 schlug er eine Schienenverbindung für Pferdebahnen zwischen Bremen und Frankfurt (Main) über Kassel vor. Das war drei Jahre vor dem Zeitungsaufsatz „Eisenbahnen (Railroads)" von Friedrich Harkort, sechs Jahre vor den ersten Handels- und Zollvereinbarungen zwischen den deutschen Staaten, die für einen besseren Personen- und Warenverkehr Voraussetzung waren, und dreizehn Jahre vor der ersten deutschen, ganze sechs Kilometer langen Eisenbahnstrecke Nürnberg-Fürth, die zunächst noch als Dampf- und Pferdebahn betrieben wurde.

1832 regten die Kurhessischen Stände den Bau einer Nord-Süd-Bahn von der Nordsee nach Bayern über Kassel an. Henschel trat dem „Verein für Anlage von Eisenbahnen in Kurhessen" bei und reiste im gleichen Jahr zum Studium des Eisenbahnwesens nach England, wozu ihm die Stände eine Beihilfe von 200 Talern gewährten. Das war eine großzügige Subvention; für den „Assessor mit dem Prädikat Oberberg- und Salineninspektor" bedeutete sie ein Viertel seines Jahresgehalts. Ein Jahr später beteiligte er sich aktiv an dem in Kassel gegründeten „Actienverein zur Errichtung einer Eisenbahn von den Hansestädten nach Süddeutschland" und arbeitete für diesen Kasseler „Eisenbahnverein" die wesentlichen technischen Unterlagen für dessen Programm aus. Als Berlin 1837 dem Kasseler Hof konkrete Vorschläge zum Bau einer Bahn von Halle über Kassel nach Lippstadt machte, kam es infolge eines kurfürstlichen Sinneswandels, der zu einer Regierungsumbildung führte, zu diplomatischen Verwicklungen. Daraufhin verbot der Kurfürst den Eisenbahnverein und verzögerte so die Entwicklung seines Landes um fast zehn Jahre.

Wie weit Henschel im Hinblick auf das Eisenbahnwesen volkswirtschaftlich dachte, geht aus einer Eingabe des Kasseler Sanktionierten Vereins für Eisenwegebau an das Preußische Finanzministerium aus dem Jahre 1834 hervor: Es erschien dem Verein keineswegs angebracht, sich „an eine Gesellschaft englischer Privatunternehmer zu wenden und denselben, indem wir nur gewisse Vorteile für unser Vaterland zur Vorbedingung machen, die Mühe, aber auch den Gewinn zu überlassen".

Henschels Ideen fanden nicht nur in ausgeführten Konstruktionen und den dazugehörigen, höchst sauberen Zeichnungen ihre Zeugen, sondern auch in zahlreichen Veröffentlichungen. 1833 erschienen seine Broschüren mit Vorschlägen zum Bau von Eisenbahnanlagen: „Neue Construction der Eisen-Bahnen, und Anwendung comprimirter Luft zur Bewegung der Fuhrwerke" und „Vorschlag zur Anwendung eines eisernen Seilzuges auf Eisenbahnen", die 1838 durch einen „Beitrag zur Constructions-Verbesserung der Eisenbahnen" ergänzt wurden. Darüber hinaus verraten aber Titel wie „Gedanken über den ununterbrochenen Fortgang der Schöpfung in Raum und Zeit" (1840) und „Zur Aesthetik der höheren Baukunst" (1850), daß sich Henschel auch mit ästhetischen und philosophischen Fragen beschäftigte. Seine letzte Veröffentlichung galt einem vereinheitlichten Maß- und Gewichtssystem mit dezimaler Unterteilung, „gegründet auf den natürlichen Schritt des Menschen", das auf der Pariser Weltausstellung 1855 ausgestellt wurde.

Schnupftabaksdose von C. A. Henschel mit Umrechnungstabellen gebräuchlicher Maße auf das Schrittmaß. 1855

Die Industrialisierung und der Eisenbahnbau mußten die Ingenieure der damaligen Zeit dazu anregen, nach wirtschaftlicheren, einfacheren und zuverlässigeren Verfahren der Stahlherstellung zu suchen. So war es naheliegend, daß sich auch Carl Anton Henschel mit diesen Fragen auseinandersetzte. Es habe ihm nur an den finanziellen Voraussetzungen gefehlt, so berichtet die Henschel-Familienchronik, den Gedanken, flüssiges Roheisen durch eingeblasene Luft zu entkohlen, in technischem Maßstab zu verwirklichen. Allerdings war Carl Anton Henschel nicht der einzige, der an diesem Prinzip arbeitete, das Bessemer als erster 1855 zum Patent anmeldete.
Erst im Herbst 1984 sind drei Manuskripte von Carl Anton Henschel zum ersten Mal veröffentlicht worden, die die Vielseitigkeit und Weiträumigkeit seines Denkens besonders beweisen. 1845 schrieb er „Einige nachträgliche Betrachtungen über die Ursachen der Explosionen der Dampferzeuger". Der Aufsatz entstand als Weiterführung der Überlegungen, deren Ergebnis Henschel 1837 als Antwort auf eine Preisfrage der Société d'Encouragement pour l'Industrie Nationale in Paris über die Explosion von Dampfkesseln eingereicht hatte. Handelte es sich bei der Antwort eher um praktische Lösungen, stellte er in den „Nachträglichen Betrachtungen" theoretische Überlegungen an. Es geht um die physikalischen Grundlagen der Dampfbildung und des Verhaltens der Dampfrohre, die Henschel mit einfachen physikalischen Versuchen erläutert. Er erklärt u. a., warum inkrustierte Rohre aus physikalischen Gründen eher zu Explosionen führen müssen als saubere. Daß er sogar „gesetzliche Kesselproben" fordert, beweist seine Weitsicht für praktische Fragen des Lebens.
Ein ganz anderes Thema greift das Manuskript von 1848 auf: „Einige Gedanken über die Armuth der deutschen Industrie mit specieller Beziehung auf Kurhessen". Hier geht es Henschel um die Forderung nach sinnvollen Bedingungen der Landeskreditkassen für die junge deutsche Industrie, um Gefahren zu vermeiden, die durch Aufnahme von ausländischem Kapital entstehen. Diese Bedingungen waren eindeutig auf agrarische Kreditnehmer zugeschnitten. Durch günstigere Renditen im Ausland wandere zudem deutsches Kapital ab, das dann der Landeskreditkasse für Darlehen fehle. Henschel bediente sich einer durchaus drastischen, nichts beschönigenden Sprache: „Erwägt man nun die Summa der Millionen, die auf solche Art ausgewandert sind, so ist klar ersichtlich, welche Opfer es unserem geldarmen Deutschland gekostet hat, ein Crösus-Vermögen in die Hand fast eines Einzelnen zu concentrieren, und es läßt sich weiter bemerken, in welch hohem Grade dies ein Hemmschuh unseres Wohlstandes gewesen ist und welche Gefahr noch droht, wenn die im raschen Wachsthum lebende Schmarotzerpflanze uns, ihre endlichen [!] Sklaven immer enger umstrickt." Nicht nur die Sorgen durch den deutlichen konjunkturellen Abschwung in Deutschland um 1848, sondern auch der aufkeimende Nationalgedanke nach den März-Revolutionen schwingt in diesen Zeilen mit.
Das letzte bisher bekannte Manuskript entstand 1858, drei Jahre vor dem Tode des inzwischen 78jährigen. Es handelt sich um Bemerkungen zu der Schrift des dänischen Physikers und Philosophen Hans Christian Oerstedt „Der Geist in der Natur", die acht Jahre zuvor erschienen war. Henschel geht es, in Anlehnung an seine Veröffentlichung im Jahre 1840, nochmals um „die Genesis der Materie aus Raum und Zeit und mitteltst denen auf den Zusammenhang des Leibes mit der Seele".
Der Lebensabend des genialen Mannes war überschattet von zunehmender Schwerhörigkeit (bezeichnend, daß er in seinem letzten Manuskript immer wieder auf Beispiele aus der Musik zurückgreift) sowie vom frühen Tod seines ältesten Sohnes noch vor dem eigenen im Jahre 1861.

Georg Alexander Carl Henschel 1810–1860

Im 25. Lebensjahr, nach praktischer Ausbildung in der väterlichen Werkstatt, nach drei Semestern am Königlichen Gewerbe-Institut in Berlin und nach mathematischen Studien in Göttingen trat Georg Alexander Carl Henschel in das Unternehmen ein. Er muß aber schon vorher die Kasseler Bürgerrechte besessen haben, denn die Aushebungslisten für die 1830 gegründete Bürgergarde führen ihn als Maschinisten auf; 1847 finden wir ihn als Major und stellvertretenden Regimentskommandeur dieser bürgerlichen Ordnungs„macht", die die jungen Bürgerrechte gegen herrschaftliche Gewalt zu schützen hatte.

In die ersten Jahre seiner unternehmerischen Tätigkeit fällt der Neu- und Ausbau des Werkes am Möncheberg, der eine erhebliche Vergrößerung des Unternehmens bedeutete. Die Werkstatt entwickelte sich zur Fabrik. Entsprechend war eine Betriebsorganisation notwendig, für die Georg Alexander Carl u. a. in Form von Zeitplänen eine wichtige Voraussetzung schuf. Mit ihnen wurde erst eine leistungsgerechte Entlohnung möglich.

Von 1835 bis 1860 stieg die Zahl der Mitarbeiter von 50 auf 350. Während beim Firmengründer die Gesellen noch im Haus des Prinzipals wohnten, wuchs zwei Generationen später eine Firmen-„Familie" ganz anderer Art heran. Was dem einzelnen Mitarbeiter an persönlicher Fürsorge durch den Fabrikherrn nicht mehr zugewendet werden konnte, mußte durch eine Institution ersetzt werden. Aus diesem Gedanken heraus entstand als erstes die Fabrik-Krankenkasse, die ab 1854 nachweisbar ist. Es ist allerdings anzunehmen, daß es bereits vorher eine Arbeiter-Unterstützungseinrichtung gegeben hat, in die der Prinzipal und die Mitarbeiter Beiträge einzahlten. Solche Kassen waren auch im Handwerk üblich und wurden im allgemeinen von den Arbeitern selbst verwaltet. Bei der Henschel-Fabrikkrankenkasse von 1854 fällt auf, daß die Kasse nicht mehr von den Mitgliedern, sondern von Beamten der Fabrik geleitet wurde.

Die Ideen seines Vaters in bezug auf die Eisenbahnen setzte Georg Alexander Carl in die Tat um und führte sie weiter. Schon 1838 nahm er an einer Eisenbahnfahrt auf der zweiten deutschen Eisenbahnstrecke Leipzig–Dresden teil, die damals jedoch gerade bis Wurzen ausgebaut war. Sicher hat dieses Erlebnis sein Interesse an der Dampfkraft gesteigert, wenn es sich zunächst auch nur auf den Bau von Dampfmaschinen konzentrieren konnte. Erst 1848 lieferte Henschel die erste Dampflokomotive ab, zehn Jahre später als Borsig, der um diese Zeit schon fast dreihundert Lokomotiven gebaut hatte.

Nicht nur die bereits vorhandene industrielle Konkurrenz, sondern auch der nach wie vor bestehende deutsche Partikularismus machte das Verkaufen schwer. Kurhessen war ein kleines, wirtschaftlich armes und durch und durch konservativ geprägtes Land. Vom kurhessischen Eisenbahnwesen allein hätte ein Unternehmen sicher nicht existieren können. So war es ein besonderer Geschäftserfolg, als 1858 sechs Personenzuglokomotiven mit den Fabriknummern 27 bis 32 als erster Exportauftrag an die Nederlandsche Rhijn Spoorweg Mij. (Amsterdam-Emmerich) geliefert werden konnten. Bis dahin hatte Henschel insgesamt nur fünf deutsche Kunden, davon drei in Hessen.

Im Geschäftsjahr 1857 betrug der Umsatz von Henschel & Sohn rund 224 000 Taler, die Gesamtleistung 326 000 Taler. Für ein Familienunternehmen waren das damals gewaltige Summen, die die Kreditlinien voll in Anspruch nahmen. Um das Unternehmen weiter ausbauen zu können, hatte Georg Alexander Carl Henschel beim Landesherrn beantragt, die Firma in den „Henschel'schen Actien-Verein für Maschinenbau und Eisenfabrikation" umwandeln zu dürfen. Mit Unterstützung des Frankfurter Bankiers Raphael Erlanger sollte ein Gründungskapital von einer Million Taler durch Ausgabe von 10 000 Aktien zu je 100 Talern geschaffen werden. In ihrem Antrag wiesen Henschel und Erlanger darauf hin, daß die Konkurrenz

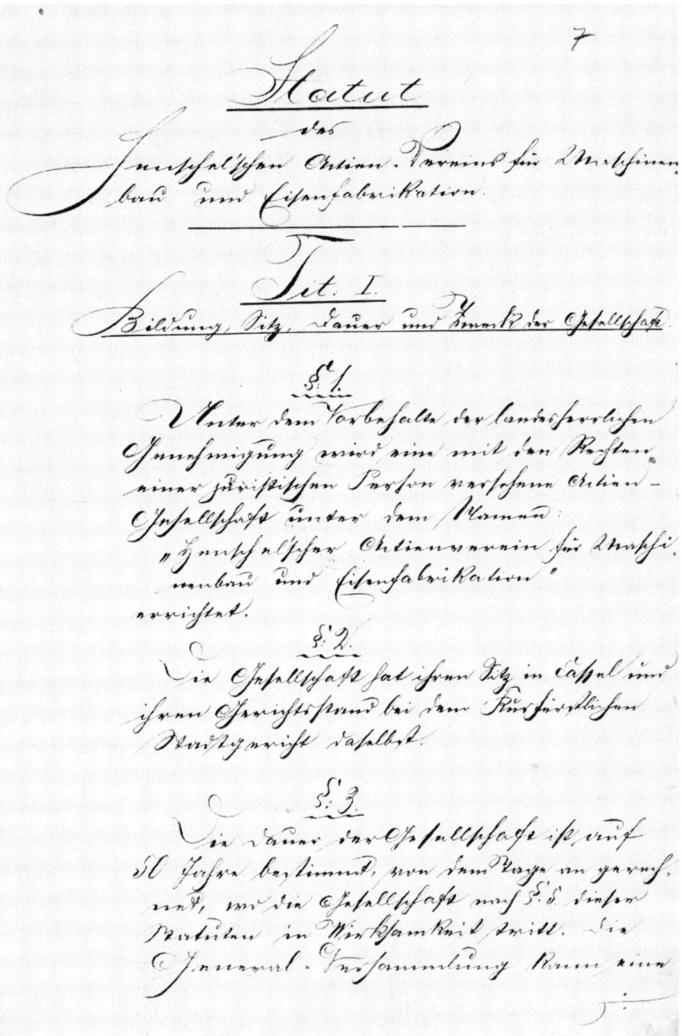

Statut
des
Henschel'schen Actien-Vereins für Maschinenbau und Eisenfabrikation.

Tit. I.
Bildung, Sitz, Dauer und Zweck der Gesellschaft.

§. 1.
Unter dem Vorbehalte der landesherrlichen Genehmigung wird eine mit den Rechten einer juristischen Person versehene Actien-Gesellschaft unter dem Namen:
„Henschel'scher Actienverein für Maschinenbau und Eisenfabrikation"
errichtet.

§. 2.
Die Gesellschaft hat ihren Sitz in Cassel und ihren Gerichtsstand bei dem Kurfürstlichen Stadtgericht daselbst.

§. 3.
Die Dauer der Gesellschaft ist auf 50 Jahre bestimmt, von dem Tage an gerechnet, an die Gesellschaft nach §. 5 dieser Statuten in Wirksamkeit tritt. Die General-Versammlung kann eine

Erste Seite der Satzung der geplanten Aktiengesellschaft. 1856

„nicht nur die Anlagen für die eigentliche Maschinenfabrik im engeren Sinne [besitze], sondern zugleich die nöthigen Werke zur Beschaffung des erforderlichen Rohmaterials, zur Herstellung des gewalzten Eisens, der Räder und Axen u. dgl., während der mitunterzeichnete Fabrikant diese Materialien mit größeren Kosten aus dem Auslande beziehen muß".

Henschel stand mit seiner Idee, den Kapitalmarkt in Anspruch zu nehmen, keineswegs allein da. In Berlin sollte nach Informationen der Kurhessischen Kommission für Handels- und Gewerbe-Angelegenheiten eine Lokomotivbau-AG mit 2 Millionen Talern Kapital gegründet werden, in Köln eine gleiche sogar mit 3 Millionen Talern. Die Regierung in Kassel und die Handels- und Gewerbe-Kommission versuchten, den Kurfürsten mit unterschiedlichsten Argumenten von der Notwendigkeit der Genehmigung aus wirtschaftlichen und sozialen Gründen zu überzeugen: „Insoweit aber der Absatz der Aktien an Ausländer erfolgt ..., wird Kapital in das Land gezogen, mithin der werbende Kapitalstock und die Steuerkraft des kurhessischen Landes vermehrt ...". Der Kasseler Polizeidirektor wies in seiner Stellungnahme auf die Bedeutung des Unternehmens für die Stadt hin: Die 400 bei Henschel beschäftigten Arbeiter erhielten einen Monatslohn von zusammen 6 000 Talern. „Abgesehen von dem Geldumsatz dieser Fabrik im Allgemeinen und dem Umstande, daß derselben der größere Theil der Einnahmen aus dem Auslande zuströmt, so wirkt schon die Beschäftigung einer so großen Zahl Arbeiter nicht nur an und für sich, sondern auch deßhalb, weil deren Einkommen als Ausgabe an Wohnungsvermiether, Bäcker, Metzger, Krämer, Schneider, Schuhmacher und sonstige Gewerbetreibende gelangen, um so wohlthuender auf den geringeren und mittleren Stand der hiesigen Gewerbetreibenden, als deren Verdienst den erhöhten Preißen der nothwendigsten Lebensbedürfnisse gegenüber in neuerer Zeit immer mehr abgenommen haben soll."

Nach fünf Monaten entschied der Kurfürst, daß zunächst noch zu klären sei, ob die Leih- und Commerzbank nicht beeinträchtigt werde. Aber auch die positive Stellungnahme des Landesherrlichen Kommissars vermochte eine schnelle Entscheidung nicht herbeizuführen.

Henschels Vorstellungen wurden dringlicher: Im Dezember 1857 schrieb er, daß er nun 150 Menschen mehr beschäftige als im Jahr zuvor. Die wöchentlichen Lohnverpflichtungen seien auf 1 600 Taler gestiegen. Es würden aussichtsreiche Verhandlungen geführt, „so daß ich für ein volles Jahr mit Aufträgen versehen bin und der schwunghafteste Betrieb gesichert ist". Jedoch müsse jetzt entweder der Antrag genehmigt werden, oder das Unternehmen brauche ein Darlehen von 100 000 Talern aus Staatsmitteln. Schon vier Wochen später wurde er erneut vorstellig, nachdem die Lokomotivfabrik Wöhlert in Berlin mit 700 Mitarbeitern in eine Krise geraten war. „Es wurde ihr indeß die augenblickliche Hülfe des Staates zu Theil." Er bäte nun dringend um eine „entscheidende Resolution (bejahend oder verneinend ist mir jetzt ganz gleich)" oder „um eine Geldaushülfe des Staates in dieser Woche". Diese ultimative Form verärgerte den Kurfürsten außerordentlich. Er ließ die Eingabe mit der Bemerkung zurückgeben, daß „solche berichtlich nicht hätte vorgelegt werden sollen". Das war sowohl ein Tadel für seinen Untertanen Henschel als auch für sein Ministerium.

Doch Henschel ließ nicht locker. In der erneuten Eingabe, die er einen Monat später vorlegte, berichtete er über den „letztjährigen Status des Rechnungsabschlusses meines Fabrikgeschäftes". Der Wert der Halbfabrikate wird mit 127 559 Talern, der der Materialvorräte mit 51 347 Talern, und der des Inventars an Betriebs- und Hilfsmaschinen, Fabrikgerätschaften und Utensilien sowie Modellen mit 101 527 Talern angegeben; dazu käme das „ebenfalls nicht

unbedeutende Kapital, was in den Fabrikgebäuden selbst steckt". Infolge des großherzoglichen Zögerns habe er seine Fabrik nicht rechtzeitig erweitern können. Wegen Terminüberschreitungen müsse er jetzt eine Konventionalstrafe von 6 300 Talern erwarten, weil die ersten Lokomotiven für die Niederländische Rhein-Eisenbahn nicht rechtzeitig fertig würden. Ähnliche Befürchtungen bestünden bereits bei der Friedrich-Wilhelms-Nordbahn, von deren Direktion sich Henschel vorsorglich ein entsprechendes Schreiben hatte ausfertigen lassen.
Das kurfürstliche Innenministerium kannte offensichtlich die Gründe, die den Landesherrn an einer Zustimmung hinderten. In der letzten Vorlage zu einer Sitzung des Gesamt-Staats-Ministeriums wird als Alternative vorgeschlagen, „falls dies der allerhöchsten Intention mehr entsprechen sollte: Die beantragte Genehmigung nur für den Fabrikanten Henschel und unter dem Vorbehalte, daß auswärtige Actien-, Credit- und Bankgesellschaften von der Teilnahme an dem Actienerwerbe ausgeschlossen bleiben, allergnädigst auszusprechen". Auch dieser Vorschlag, mit dem die „Überfremdung" des Kurfürstentums Hessen durch ausländisches Kapital verhindert werden konnte, fand keine Zustimmung. Am 29. Juni 1858, nach mehr als 1½ Jahren vermerkt das Innenministerium: „Die Akten sind zu schließen". Es mag ein nur schwacher Trost gewesen sein, daß die Ständeversammlung noch 1864 öffentlich beklagte, daß seit 1788 die Handelsgesetzgebung in Kurhessen nicht mehr geändert worden sei, und außer zwei Eisenbahnlinien, einigen Gasbereitungsanstalten und der Nauheimer Kurhausgesellschaft „in ganz Kurhessen kein industrielles Actienunternehmen entstanden ist."
Wie sehr Henschel mit seinen Überlegungen, die Kapitalbasis zu verbreitern, Recht hatte, zeigt ein Blick in die Geschäftsbücher. 1858/59 war der Umsatz auf gut 283 000 Taler gestiegen. Rund 134 000 Taler erhielt die Firma für sieben Lokomotiven, 108 000 Taler für Dampfmaschinen, Werkzeugmaschinen und industrielle Ausrüstungen. Die restlichen 41 000 Taler wurden für Gießereierzeugnisse, Reparaturen, Handelsware und Dienstleistungen eingenommen, für die viele hundert Rechnungen geschrieben werden mußten. Nur bei den Rechnungsposten „Lokomotiven" ist von einem Vertrag die Rede, woraus wir auf Vorauszahlungen schließen können.
Alle anderen Rechnungen waren erst nach Lieferung zahlbar, mußten also vom Unternehmen vorfinanziert werden. Aber nicht nur die Finanzbasis und das Absatzgebiet mußten erweitert werden, sondern auch das Produktionsprogramm. Deshalb förderte der junge Fabrikant den Maschinen- und den Werkzeugmaschinenbau, begann mit dem Bau von Eisenkonstruktionen und von Mühleneinrichtungen, wozu vielleicht sein Schwiegervater, der die Ahnamühle nahe der Fabrik am Möncheberg betrieb, die Anregung gegeben haben mochte. Zu den Eisenkonstruktionen zählten die Drehbrücke über die Hafenschleuse von Karlshafen, die nach Plänen von Carl Anton Henschel 1848 erbaut wurde und über acht Jahrzehnte in Dienst war, wie auch die „eiserne Halle vor der äußeren Passage des südlichen Flügelgebäudes auf dem hiesigen Bahnhofe", dem heutigen Hauptbahnhof in Kassel. Sie sollte der Eisenbahndirektion im Voranschlag von 1858 genau 4 140 Taler kosten. Von den 18,4 t Gewicht waren rund 70% Gußeisen. Eine im gleichen Monat gelieferte Eisenbahn-Drehscheibe wurde für 3 370 Taler verkauft, mit Handantrieb natürlich.
Auf einer seiner vielen Reisen hatte sich Georg Alexander Carl Henschel beim Sturz von einer unbeleuchteten Treppe eine Gehirnerschütterung zugezogen, an deren Folgen er viele Jahre litt. Sie war wohl auch die Ursache seines plötzlichen Todes im Jahre 1860. Der erst Fünfzigjährige hatte zeit seines Lebens im Schatten des bedeutenderen Vaters gestanden. Heute erkennt man seine Leistung, die Voraussetzung für das weitere Wachstum des Werkes geschaffen zu haben.

Nächtliche Vorbereitung eines Gusses im alten Gießhaus mit G. C. C. Henschel (I), C. A. Henschel (II), J. W. Henschel (III) und G. A. C. Henschel (IV). 1832

Carl Anton Oskar Henschel 1837–1894

Sehr plötzlich mußte Carl Anton Oskar Henschel mit 23 Jahren nach dem Tode seines Vaters ein großes Erbe antreten, wenn er auch bereits auf seine Aufgaben vorbereitet war. Er hatte in Kassel die Schule besucht und im väterlichen Betrieb eine Schmiedelehre mit der Gesellenprüfung abgeschlossen. Zur Vorbereitung auf seine berufliche Tätigkeit besuchte er vier Semester das besonders für den Maschinenbau berühmte Polytechnikum in Karlsruhe, die spätere Technische Hochschule. 1859 trat er in das Unternehmen ein; unter väterlicher Obhut und Anleitung zu arbeiten blieb gerade noch ein Jahr.
1860 hatte die Henschelei ungefähr 350 Mitarbeiter. Der Anteil des Lokomotivbaus am Gesamtumsatz lag zwischen 30 und 40%. Die Lokomotiv-Nachfrage entwickelte sich für das Unternehmen nur zögernd. Von 1860 bis 1865 wurden lediglich 55 Henschel-Lokomotiven gebaut. Dennoch wurde der traditionelle Glocken- und Geschützguß nach und nach aufgegeben; den Maschinenbau behielt man bei.
Die Entwicklung gab Carl Anton Oskar recht: Bestanden 1855 in Deutschland erst rund 8 300 km Eisenbahnstrecke, so waren es nach zehn Jahren bereits 14 700 km. Als das Kurfürstentum Hessen 1866 zu Preußen kam und fünf Jahre später, nach dem deutsch-französischen Krieg, der Gründerboom ausbrach, stellten sich bisher unbekannte Geschäftserfolge ein. Allerdings war es gelungen, beim Preußischen Handelsminister durchzusetzen, daß auch das Kasseler Unternehmen von der Preußischen Staatsbahn zur Abgabe von Preisangeboten aufgefordert werden mußte. Henschel galt für die Eisenbahnverwaltung in Berlin nämlich immer noch als „Ausländer". 1873 war bereits die Fabrik-Nummer 500 erreicht und in den nächsten zwei Jahren wurden 363 Lokomotiven gebaut. Die Aufträge umfaßten Serien von 40, 48 oder sogar 60 Stück.
Ein Jahr später war man jedoch in der den Gründerjahren folgenden allgemeinen Krise. Henschel konnte nur noch 69 Lokomotiven verkaufen. Die Fabrik wich wieder auf andere Produkte aus: Werkzeugmaschinen, Drehscheiben, Schiebebühnen, Straßenwalzen, sogar eiserne Bettgestelle und Stationsschilder für die Eisenbahn kamen ins Fertigungsprogramm. Trotzdem mußte 1875 bei Henschel für alle Mitarbeiter Kurzarbeit von zehn auf sieben Stunden am Tag eingeführt werden; eine Maßnahme, die erst Ende 1880 vollständig aufgehoben werden konnte.
Wenn Aufträge vergeben wurden, lagen die Preise oft bis zu 25% unter den Selbstkosten. Wie hart der Konkurrenzkampf war, zeigen zwei Angebote auf eine Lokomotiv-Ausschreibung der Preußischen Ostbahn von 1877: Die Elsässische Maschinenbaugesellschaft Gravenstaden hatte eine Personenzug-Lokomotive für 44 500 Mark angeboten, eine Tender-Lokomotive für 28 500 Mark. Henschel bot dagegen zu Preisen an, die um 19% niedriger lagen. Einen gewissen Ausgleich brachten Straßenbahn-Dampflokomotiven, die besonders in Italien, Spanien und Portugal gut abgesetzt werden konnten. Als 1879 die 1 000. Henschel-Lokomotive abgeliefert wurde, gab es nur Glückwunschadressen, aber angesichts der allgemeinen Not keine Feier.
Kennzeichnend für die Situation ist ein Brief von Carl Anton Oskar an seine Frau Sophie: Als er 1876 in Berlin Punkt 11 Uhr wie bestellt im Preußischen Handelsministerium eintraf, warteten dort „bereits wenigstens fünfzig Herren". Der Termin wurde zunächst einmal um drei Stunden verschoben, und nach einem unergiebigen Gespräch mit dem zuständigen Ministerialdirektor, der zudem nur in Anwesenheit der Konkurrenz verhandelte, konnte Henschel wieder abreisen. Er mußte froh sein, daß er sich überhaupt in Erinnerung bringen durfte.
1880 war für die Fabrik der Tiefpunkt erreicht. Ein Jahr später begann ein neuer Aufstieg. Die Zahl der Mitarbeiter, die 1879 auf 744 zurückgegangen war, entsprach 1885, als die 2 000. Lokomotive abgeliefert wurde, mit 1 600 der Belegschaftszahl von 1873. Das Stammwerk ließ eine

Werk Rothenditmold, vorn Mombachstraße/Wolfhager Straße. Um 1910

Grundriß der ersten Werkswohnungen an der Ysenburgstraße

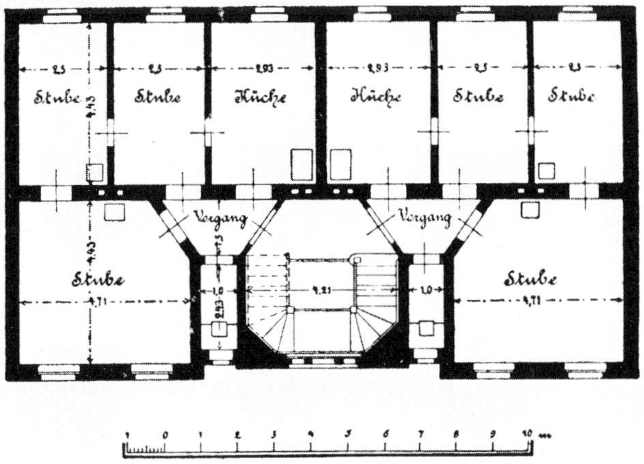

Erweiterung der Kapazitäten nicht mehr zu. So entstand seit 1873 ein Zweigwerk in Rothenditmold, etwa 2 km vom Hauptwerk entfernt. Verzögert durch den starken Produktionsrückgang, konnte es erst 1878 mit 60 Dampfhämmern die Produktion aufnehmen. Auch die Erweiterung des Rothenditmolder Werkes um eine Kesselschmiede ab 1892 beruhte auf einer Entscheidung von Carl Anton Oskar Henschel.

Doch nicht nur die Kapazitäten wurden ausgebaut, sondern auch die sozialen Einrichtungen. 1866 kam zu der Fabrik-Krankenkasse eine Invaliden-, Witwen- und Waisenkasse der Arbeiter. Ihre Statuten dienten später als Modell für die staatlichen Regelungen, die Wilhelm II. 1881 mit der „Kaiserlichen Botschaft" ankündigte. 1887 errichtete Carl Anton Oskar Henschel den „Henschel-Fonds" für unverschuldet in Not geratene Arbeiter und Werkstättenbeamte. Schon 1867 waren auf seine Anregung die ersten Häuser mit Arbeiterwohnungen entstanden. Jede Wohnung hatte auf 61 qm Fläche drei Zimmer, eine Küche und eine Toilette und war an die Wasserleitungen und an die Kanalisation angeschlossen. Wegen der schon damals hohen Grundstückspreise wurden die Häuser dreistöckig gebaut; in jeder Etage lagen zwei Wohnungen. 1874 gab es bereits in 23 Häusern 100 Werkswohnungen.

1888 mußte man für eine derartige Wohnung eine Jahresmiete von 114 M bezahlen. Demgegenüber betrug die Jahresmiete für eine kleinere Wohnung in Kassel (Stube, Kammer, Küche) im gleichen Jahr 150 bis 160 M, in der Unterstadt sogar 270 bis 300 M. Im Akkord konnte ein Arbeiter bei Henschel damals durchschnittlich 4.25 M am Tag verdienen; das waren bei 300 Arbeitstagen 1 275 M. Der Durchschnitt der gewerblichen Löhne in Kassel lag im gleichen Jahr bei 2.64 M. Ein Kilogramm Schweinefleisch kostete 1.48 M, zwei Zentner Kartoffeln 5.16 M und für 3.52 M bekam man 60 Eier.

Ohne nachhaltige geschäftliche Erfolge wäre eine soziale Fürsorge der „Fabrikherren" für ihre Henschelaner in diesem Umfang allerdings nicht möglich gewesen. Wenn bei Henschel bis 1914 nicht gestreikt worden ist, so läßt sich das auch als Ergebnis dieser vom Unternehmer als selbstverständlich angesehenen Maßnahmen werten.
Carl Anton Oskar Henschel war ein geschickter Kaufmann, aber wohl auch ein guter Repräsentant seines Unternehmens, der schnell Sympathie bei den Vertretern hoher und höchster Behörden erwerben konnte. Er verkehrte mit Ministern, Präsidenten und Fürstlichkeiten. 1862 wurde er in den Aufsichtsrat der Eisenhütten-Actien-Gesellschaft Blücher in Aplerbeck bei Dortmund gewählt, nachdem das Kasseler Werk 1858 eine 120-PS-Gebläse- und eine 6-PS-Gichtaufzugs-Dampfmaschine geliefert hatte. Möglicherweise waren die persönlichen Verbindungen durch diesen Großauftrag über 20 500 Taler zustandegekommen. Mitglieder des preußischen und später deutschen Herrscherhauses besichtigten die Kasseler Fabrik, und selbst dem Zaren von Rußland durfte Carl Anton Oskar seine Lokomotiven erklären, was ihm den russischen Stanislaus-Orden einbrachte.
Ansehen und Wohlstand führten dazu, daß Carl Anton Oskar Henschel viele Ehrenämter übernehmen mußte. Als Bürger von Kassel hatte er die Uniform der städtischen Pflichtfeuerwehr im Schrank hängen, aber er war auch Mitglied des Kommunallandtages, der Preußischen Kommission für technisches Unterrichtswesen, der VDI-Kommission für Werkstättenunterricht und des Kuratoriums der Kasseler Gewerbe- und Handelsschule. Lange Jahre hindurch gehörte er dem Vorstand der Handelskammer Kassel an. Titel und Auszeichnungen ließen nicht auf sich warten. Königlich-Preußischer Geheimer Kommerzienrat wurde er schon 1875, zehn Jahre später erhielt er die vierte Klasse des Roten Adlerordens, die 1890 in die dritte Klasse „mit der Schleife" umgewandelt wurde. Seine Berufung ins Preußische Herrenhaus erreichte Carl Anton Oskar Henschel nicht mehr als Lebenden.
Beharrlichkeit, Verbindlichkeit, Fleiß und Organisationstalent waren Voraussetzungen für den wirtschaftlichen Erfolg, ebenso unternehmerischer Wagemut und ein zuverlässiger Stamm von Mitarbeitern. Allerdings wäre der Aufstieg der Firma ohne einen soliden finanziellen Unterbau nicht denkbar gewesen. Durch die Heirat von Carl Anton Oskar mit Sophie Caesar verstärkte sich diese Basis erheblich. Die Familie der Braut war nämlich mit dem einflußreichen Kölner Bankier W. L. Deichmann befreundet, und die Hochzeitsreise des jungen Paares war zugleich eine Geschäftsreise, die u. a. auch zu Deichmann führte. Dieser räumte Henschel einen unbeschränkten Kredit ein. Es ergab sich eine enge Verbindung zwischen dem Unternehmen und dem Bankhaus. Sie bildete Jahrzehnte hindurch eine Sicherheit, auf die sich die Firma auch in Krisenzeiten verlassen konnte.

Als Carl Anton Oskar Henschel 1894 im Alter von 57 Jahren starb, hatte das Unternehmen 4 200 Lokomotiven gebaut, davon 4 150 während der 34 Jahre seiner Leitung.

Erinnerungsblatt anläßlich des Baus der Lokomotive Fabrik-Nr. 100. 1865

Sophie Henschel geb. Caesar
1841–1915

Carl Anton Oskar Henschel hatte seine Frau als Alleinerbin eingesetzt und testamentarisch auch mit der Leitung der Firma beauftragt. Eine Frau als Unternehmerin war für die damalige Zeit schon ungewöhnlich genug, und die herausragenden Persönlichkeiten lassen sich an zehn Fingern abzählen. Eine Frau gar als „Chefin" einer durch und durch männerorientierten Maschinenbau- und Lokomotivfabrik mit einem ausschließlich von Männern beherrschten Kundenkreis galt zu jener Zeit als unmöglich. Sophie Henschel leitete dennoch die Fabrik, nur gestützt auf ein zweiköpfiges Direktorium, sechs Jahre allein, und weitere zwölf Jahre gemeinsam mit ihrem Sohn Carl Anton Theodor. Dank ihrer Energie, ihrer Intelligenz und vor allen Dingen ihrer Pflichtauffassung konnte das Unternehmen seine Stellung als eine der größten Lokomotivfabriken Europas nicht nur behaupten, sondern auch weiter ausbauen.

Der Vater von Sophie Henschel hatte eine Domäne in der Nähe von Minden erworben; nach seinem Tod zog ihre Mutter mit der zehnjährigen Tochter nach Kassel. Spätestens mit 17 Jahren lernte sie ihren zukünftigen Mann kennen, den sie 1862 heiratete. Schon in der Verlobungszeit begann eine Korrespondenz, wie sie gemeinhin auch heute noch zwischen Brautleuten nicht üblich ist. Von Anfang an unterrichtete Carl Anton Oskar seine Braut – natürlich nicht ohne ihr Interesse daran zu kennen – über alle Einzelheiten, die seinen Arbeitsalltag bestimmten. Das blieb auch so, als das Ehepaar seine erste Wohnung im Verwaltungsgebäude Mönchebergstraße 1 bezogen hatte. Über Erfolge und Mißerfolge seiner zahlreichen Reisen berichtete Carl Anton Oskar regelmäßig, so daß die Korrespondenz bis zu seinem Tode auf mehrere tausend Briefe anwuchs. Aber auch wenn das Ehepaar in Kassel zusammen war, bekam Sophie die Post zu lesen, und die Geschäftsbriefe, die in der Wohnung abgegeben wurden, öffnete sie, um sie vorzusortieren.

Während sie bis zum Tode ihres Mannes teilsnahmsvolle Beobachterin, vielleicht sogar gelegentlich auch Beraterin war, änderte sich die Situation, als sie ab 1894 die Verantwortung allein zu tragen hatte. In ihren Möglichkeiten war sie nach außen durchaus beschränkt, weil es sich nach den damaligen Gepflogenheiten für eine Dame nicht gehörte, Geschäftsreisen zu machen, mit Männern zu verhandeln oder gar in der Öffentlichkeit – und wäre es im nobelsten Hotel gewesen – allein zu speisen. Sophie Henschel „regierte" durch ihre Direktoren, die sich schon zu Lebzeiten ihres Mannes als treue und tüchtige Mitarbeiter erwiesen hatten. Aber sie gab die Anweisungen und sie entschied. Der wesentliche Motor für ihr Denken und Handeln dürfte gewesen sein, dem einzigen Sohn das Erbe zu erhalten. Wie Carl Anton Oskar seine Frau, so informierte die Mutter nun den jungen Carl Anton Theodor während seines Studiums und seiner Militärzeit in zahlreichen Briefen, in denen sie das Geschehen in Kassel, erfreuliche Begebenheiten und schwierige Entscheidungen schilderte.

Ohne ihre Kraft und ihre geistigen Fähigkeiten allerdings wäre es ihr kaum gelungen, sich in technische wie wirtschaftliche Fragen einzuarbeiten und, obgleich ihr eine entsprechende Ausbildung fehlte, die entscheidenden Punkte klar zu erkennen. Von besonderer unternehmerischer Weitsicht zeugten ihre Bemühungen, das „Management" frühzeitig durch junge Kräfte zu unterstützen, die eines Tages die Nachfolge der bewährten Direktoren antreten könnten. Daß die bedeutendste Entscheidung, der Vertrag mit Wilhelm Schmidt über die Anwendung des Heißdampfes beim Lokomotivbau, für Henschel von einer Frau getroffen wurde, spricht für den Mut von Sophie Henschel, aber auch für ihre Fähigkeit, Details zu durchschauen. Die wirtschaftliche Entwicklung Europas hat ihr die Führung einer Fabrik, die durchschnittlich 2 000 Arbeiter beschäftigte, zwar leicht gemacht, aber ohne ihre aktive Tätigkeit wären die deutlichen Erfolge sicher nicht eingetreten.

Im Jahre 1900 erlitt Sophie Henschel einen leichten Schlaganfall; nur einige Monate vorher war ihr Sohn als Teilhaber in das Unternehmen eingetreten. Doch auch als Rekonvaleszentin blieb sie die „Fabrikherrin". Erst ab 1910, dem Jahr des hundertjährigen Bestehens und der Fertigstellung der 10 000. Lokomotive, begann sich Sophie Henschel zu schonen. Zu dieser Zeit baute die Kasseler Firma im Durchschnitt nicht nur die meisten, sondern auch die größten, kompliziertesten und teuersten Lokomotiven in Deutschland.
Alle „männliche" Tätigkeit und die Last der höchsten Verantwortung konnten die innerste Verpflichtung von Sophie Henschel, soziale Not lindern zu helfen, nicht verdrängen. Es war für sie selbstverständlich, einen Teil ihres Vermögens dort einzusetzen, wo mit Geld geholfen werden konnte. 1882 stiftete sie das „Sophienhaus" in Kassel, eine Entbindungsanstalt und Frauenklinik. 1900 folgte die Eröffnung einer Heilstätte für unbemittelte Lungenkranke und 1908 wurde das Kasseler Krankenhaus „Zum Roten Kreuz" eingeweiht, dessen Bau im wesentlichen aus ihren Spenden finanziert worden war.
Für die Mitarbeiter gründete Sophie Henschel 1898 zusätzlich zu den bereits bestehenden Unterstützungskassen einen Fonds für rekonvaleszente Henschel-Arbeiter, denen eine Unterstützung durch die Krankenkasse nicht mehr zustand. Ein Jahr später folgte die Gründung der Pensions-, Witwen- und Waisenkasse für Familienangehörige von Henschel-Beamten, für die die gesetzliche Versicherungspflicht erst 1911 einsetzte. Ein „Wohlfahrtshaus" entstand 1902 und beherbergte eine Verwahranstalt für Arbeiterkinder sowie Bade- und Waschräume. 1905 wurde eine Fortbildungsschule für Lehrlinge eingeweiht, die ein Jahr später als staatliche Berufsschule anerkannt wurde und 1907 in ein eigenes Schulhaus ziehen konnte. Außerdem wurde 1905 eine Haushaltungsschule für die gründliche Ausbildung von Töchtern und jungen Frauen der Arbeiter ins Leben gerufen. Auch das Werk Rothenditmold besaß eine Kleinkinderschule.
1912 legte Sophie Henschel die Leitung des Unternehmens ganz in die Hände ihres Sohnes. Sie starb Anfang 1915 nach langer Krankheit im 74. Lebensjahr.

Haushaltungsschule im Wohlfahrtshaus. Um 1910

Klassenzimmer in der Fortbildungsschule. Um 1910

Carl Anton Theodor Henschel 1873–1924

Die fünfte Generation der Henschels in Kassel wurde durch Carl Anton Theodor repräsentiert, der 1873 als einziger Sohn von Carl Anton Oskar und Sophie Henschel zur Welt kam. Er besuchte das Kasseler Friedrichs-Gymnasium, mußte aber aus Gesundheitsgründen bald Privatunterricht im elterlichen Haus nehmen. 1892 arbeitete er in den Werkstätten und in der Verwaltung des väterlichen Unternehmens. Ein Jahr später bezog er die Technische Hochschule in Karlsruhe und setzte die Studien nach dem Militärdienst für weitere zwei Jahre an der Technischen Hochschule in Darmstadt fort. 1896 trat er in die Firma ein, erhielt ein Jahr später Prokura und wurde 1900 Teilhaber der Firma Henschel & Sohn.
Zwölf Jahre später überschrieb ihm Sophie Henschel ihre Anteile an dem Unternehmen. Das allerdings bedeutete für den fast 40jährigen Sohn keineswegs „Alleinherrschaft". Zwei Tage vor Vertragsunterzeichnung erhielt Carl Anton Theodor einen Brief seiner Mutter. Sie wollte die voraufgegangene mündliche Vereinbarung schriftlich bestätigt haben, daß sie jederzeit von ihm oder „Beamten der Firma" Auskunft erlangen könnte, daß „wichtige Fabrikangelegenheiten, z. B. größere Erwerbungen, Fabrikationsveränderungen usw." mit ihr besprochen würden, und schließlich „daß Du kein Actienunternehmen aus der Fabrik machst, wodurch Actien in fremde Hände kommen könnten". Die letzte Forderung ist wohl mit der sozialen Einstellung der Fabrikherrin zu erklären: „Ich hoffe, daß Du Dir die Sympathien der Arbeiterschaft nicht nur erhältst, sondern sie immer mehr befestigst, dazu gehören aber persönliche Beziehungen wie bisher." Auch eine „Familienactienausgabe" wurde von ihr abgelehnt, weil der Sohn „in der Industrie eine hervorragendere, den alten Traditionen würdigere" Stellung als Alleininhaber nicht mehr hätte beanspruchen können.
Einen Tag später erreichte Carl Anton Theodor ein zweiter Brief, geschrieben von dem langjährigen, vertrauten Mitarbeiter der Chefin, Bernhard Beyer, der ihn gänzlich irritieren mußte: „Wie ich Ihnen schon mündlich erklärte, möchte ich dringend davon abrathen, daß der Firma in Bezug auf Geldbeschaffung für die Zukunft die Hände gebunden werden. Ihre hochverehrte Frau Mutter könnte mit derartigen Bestimmungen unter Umständen gerade das Gegentheil von dem verursachen, was sie erreichen will. ... Krupp würde ohne seine 94 Mill. Anleihen in der Entwicklung weit hinter anderen Werken wie Thyssen, Gelsenkirchen, Phoenix u. a. zurück geblieben sein. Borsig hätte ohne seine Anleihen die neue Fabrik in Tegel nie bauen können. ... Kein König wird seinen Nachfolger binden. ... Allein kann auch der Tüchtigste wehrlos sein. Im wirthschaftlichen Konkurrenzkampf siegt ... derjenige, der mit der Tüchtigkeit die Geldmacht vereinen kann, die auch der Konkurrenz zur Verfügung steht." Wie sich Carl Anton Theodor dieser Zwickmühle gravierendster Meinungsunterschiede entzogen hat, ist nicht überliefert. Er wurde jedenfalls Alleininhaber, und er brauchte bis zu seinem Tode 1924 den Gedanken an Fremdkapital nicht ernsthaft zu erwägen. Die Basis für seine Unternehmerschaft war allerdings auch wohlfundiert.
1899 wurde die 5 000. Henschel-Lokomotive abgeliefert, obwohl der Konkurrenzkampf schärfer geworden war. Der große Vorsprung, den das Kasseler Unternehmen gewonnen hatte, wurde von den anderen nicht aufgeholt. Um die Jahrhundertwende betrug die Jahreskapazität der Henschel-Werke 300 bis 350 Lokomotiven. Zwischen 1901 und 1904 wurde das Stammwerk mit einem Aufwand von 8 Mio. M unter vollem Betrieb umgebaut. Der bedeutendste Neubau war der „Lokomotivsaal", der eine Grundfläche von rund 21 000 qm in Anspruch nahm. Die drei Montageschiffe hatten eine Länge von je 123 m und eine Breite von je 16 bzw. 24 m. 21 Montagestände ließen die Kapazität auf 1 200 Neubauten im Jahr wachsen. Gleichzeitig wurde der Werkzeugmaschinenpark grundlegend erneuert; außerdem entstand ein neues Verwaltungsgebäude am Holländischen Platz.

Werk Kassel, vorn Holländischer Platz (links) und Mönchebergstraße. Um 1910

Als dritter deutscher Lokomotivbauer wagte Carl Anton Theodor nach Borsig und Strousberg ein Engagement in der Hüttenindustrie; es waren eher die Zeitläufte als sein unternehmerisches Geschick, daß ihm diese Entscheidung nicht sehr viel Freude gebracht hat. 1904 erwarb er die Henrichshütte in Hattingen, um sich im Bezug von Vormaterial vom Deutschen Stahlwerks-Verband unabhängig zu machen und die erforderlichen Qualitäten selbst herstellen zu können. Seine Mutter scheint dem Erwerb nicht mit ganzem Herzen zugestimmt zu haben. Sie war nur einmal in Hattingen und hat sehr zurückhaltend über die neue Abteilung Henrichshütte von Henschel & Sohn berichtet. Die Hütte war stark vernachlässigt, so daß bis 1914 über 43 Millionen Mark – mehr als das Fünffache des Kaufpreises – aufgewandt werden mußten, um ein modernes und leistungsfähiges Unternehmen zu schaffen. Das Henschel-Engagement an der Ruhr wurde 1921 ausgeweitet, als die Henrichshütte in eine Interessengemeinschaft mit der Essener Steinkohlenbergwerke AG und der Bergbau-AG Lothringen eingebracht wurde, um die durch den Kriegsausgang schwierig gewordene Kohlenversorgung aller Henschel-Werke zu sichern. Diese Interessengemeinschaft löste sich bereits nach zwei Jahren auf, weil die Besetzung des Ruhrgebiets die Versorgung der Henschel-Werke in Kassel und Hattingen mit Kohle unmöglich machte, brachte aber die Aktienmehrheit der Zechenunternehmen in den Besitz der Firma.

Der hohe Ersatzbedarf der deutschen Staatsbahnen und die starke Förderung des Exports, die dem jungen Firmenchef besonders am Herzen lag, ließ bei Henschel bis 1914 den Lokomotivneubau auf durchschnittlich 825 Maschinen im Jahr anwachsen. Der Ausbruch des Ersten Weltkriegs setzte dem Exportgeschäft ein unvermitteltes Ende. Wenn auch das Werk zunächst nicht als Rüstungsbetrieb verpflichtet wurde, mußte die Produktion doch dem Heeresbedarf angepaßt werden. Immerhin entstanden in jedem Kriegsjahr noch 1 000 Lokomotiven, wenngleich es sich im wesentlichen um Kriegs-Einheits-Lokomotiven und um solche für die Feldeisenbahnverwaltung handelte. Diese waren so konstruiert, daß sie von jedem geschickten Schlosser instand gesetzt werden konnten. Erst 1917 wurde Henschel beauftragt, Geschütze zu entwickeln. Im Zusammenhang mit der zu erwartenden Produktion wurde im gleichen Jahr der Bau des Werks Mittelfeld begonnen, das 1918 die Produktion aufnahm.

Nach dem Krieg gab es, wenn auch zunächst nicht für Deutschland, eine Konjunktur des Nachholbedarfs. Die seit 1905 angeknüpften Auslandsbeziehungen bewährten sich, und Henschel-Lokomotiven wurden nach Rußland, Spanien, Rumänien und Holland sowie nach Südamerika und in einige asiatische Länder geliefert. Die innerdeutsche Situation dagegen war sehr viel schwieriger. Die Inflation hemmte jede gesunde Geschäftsentwicklung und als nach der Einführung der Rentenmark Ende 1923 Bestellungen auf Lokomotiven praktisch ganz ausblieben, erkannte Carl Anton Theodor die Notwendigkeit, erneut andere Fabrikationszweige aufzunehmen. Straßenbaumaschinen auf der Basis der Dampfmaschinen-Erfahrungen konnten allein schon wegen ihres geringeren Wertes keinen vollen Ausgleich schaffen. Doch ging auf Carl Anton Theodor auch der Plan zurück, Lastkraftwagen zu bauen. Die Verwirklichung erlebte er nicht mehr. Er starb kurz nach Vollendung seines 52. Lebensjahres im Dezember 1924.

Oscar Robert Henschel
1899–1982

Wie sein Großvater Carl Anton Oskar mußte der älteste Sohn der sechsten Kasseler Henschel-Generation, Oscar R. Henschel, in jungen Jahren die Firmenleitung übernehmen. Ebenso wie sein Großvater war er theoretisch auf seine Aufgabe wohlvorbereitet: Nach dem Kriegsende studierte er vier Semester Maschinenbau an der Technischen Hochschule Darmstadt und drei Semester Nationalökonomie an den Universitäten München und Frankfurt am Main. Ein Jahr Bankvolontariat in Berlin schloß sich an; ab Frühjahr 1924 wurde er Mitarbeiter in der väterlichen Fabrik.

Anders als sein Großvater hatte Oscar R. Henschel aber nicht nur die Verantwortung für den Erhalt des Familienvermögens, das sich in einem Großunternehmen des Maschinenbaus repräsentierte, sondern auch für den Fortbestand der rund 10 000 Arbeitsplätze zu übernehmen. Nach der gerade überwundenen Inflations-Krise war das eine besonders schwierige Aufgabe. Der deutschen Lokomotivbauindustrie ging es wohl so schlecht wie nie zuvor. 1923 waren von der Deutschen Reichsbahn 400 Lokomotiven bestellt worden. 1924 waren es nur noch 100 und 1925 gab es für die rund 20 deutschen Lokomotivfabriken nicht einen einzigen Auftrag von der inzwischen gegründeten Reichsbahn-Gesellschaft.

Oscar R. Henschel setzte den Plan seines Vaters in die Tat um, das Produktionsprogramm durch den Bau von Nutzfahrzeugen zu erweitern. Schon im Sommer 1925 wurde der erste Omnibus im Werk Mittelfeld fertig. Zehn Jahre später erreichte der Nutzfahrzeugumsatz bereits die Hälfte des Gesamtumsatzes. Die späten zwanziger Jahre brachten für den Lokomotivbereich zwar einige Auslandsgeschäfte, aber keine Besserung auf dem Inlandsmarkt. Deshalb vereinbarte Henschel mit der Münchener Lokomotivfabrik J. A. Maffei eine Interessengemeinschaft ab Anfang 1929. Beide Familienunternehmen wandelten sich in Aktiengesellschaften um und tauschten gegenseitig die Hälfte ihres Aktienkapitals. Doch hatte diese Firmengemeinschaft nur ein knappes Jahr Bestand.

Die Beteiligungen an der Essener Steinkohlenbergwerke AG und der Bergbau-AG Lothringen wurden 1929 an die Gelsenkirchener Bergwerks-AG verkauft; ein Jahr später kam die Henrichshütte in die neugegründete Ruhrstahl AG, die zum Bereich der Vereinigten Stahlwerke gehörte. Oscar R. Henschel war bereits 1924, wie er 40 Jahre später schrieb, zu der Ansicht gelangt, daß „die vertikale Organisation für die damalige Zeit nicht sinnvoll war". Heute muß man dem zustimmen, wenn man die „Trusts" von Hugo Stinnes oder Alfred Hugenberg, wenn man die IG Farbenindustrie AG oder die Vereinigte Stahlwerke AG mit den Möglichkeiten eines Familienunternehmens wie Henschel vergleicht.

Der Verkauf der Bergwerksanteile und der Henrichshütte verringerte natürlich die Unabhängigkeit der Firma Henschel in ihrer Rohstoffversorgung. Aber das Unternehmen erhielt dadurch die erforderlichen Mittel für die Beschleunigung des von Oscar R. Henschel angestrebten horizontalen Ausbaus, vor allem aber für die Konzentration auf den Lokomotivbau. Bereits 1928 war die Quote der Lokomotivfabrik Hagans von der R. Wolf AG, Magdeburg, erworben worden. 1930 konnte die Hälfte der Lokomotivquote der Linke-Hofmann-Busch-Werke AG übernommen werden. 1931 kamen Quote und Fertigungsunterlagen der Hannoversche Maschinenbau-AG vorm. Georg Egestorff (Hanomag) in den Besitz von Henschel. Für das Weiterbestehen des Werks Mittelfeld wurde von erheblicher Bedeutung, daß man auch den östlichen Teil des heutigen Werksgeländes mit den Erlösen aus dem Verkauf erwerben konnte.

Ein bereits länger geplanter Schritt in ein völlig neues Gebiet erfolgte mit der Gründung der Henschel Flugzeug-Werke AG in Berlin Anfang 1933. Die Entwicklung brachte es mit sich, daß dort fast ausschließlich Maschinen für die Luftwaffe entwickelt und gebaut wurden. Heute befindet sich auf dem Gelände des Werks der Ostberliner Zentral-

flughafen Schönefeld. Im Zusammenhang mit den Flugzeugwerken wurde 1936 die Henschel-Flugmotorenbau GmbH gegründet. Für die Fertigung wurde ein neues Werk in Altenbauna bei Kassel gebaut. Beide Firmen arbeiteten ohne produktionsmäßige Verbindung mit den Werken Kassel, Rothenditmold und Mittelfeld.
Ab 1935 kam es in Deutschland zu einer wirtschaftlichen Scheinblüte, die sich durch steigende Umsätze und spontan anwachsende Mitarbeiterzahlen der Unternehmen darstellte. Von einer freien Wirtschaft konnte allerdings kaum die Rede sein. Der Vierjahresplan schrieb ab 1936 zwar Kapazitätserweiterungen vor, schränkte die freie Unternehmerentscheidung aber rigoros ein. Die Bereiche der Wirtschaft, in denen noch für den zivilen Inlandsbedarf gefertigt werden konnte oder durfte, wurden immer kleiner. Ab 1937 wurden die Rohstoffe bewirtschaftet, 1939 trat vorübergehend ein Lohn- und Preisstopp ein. Bereits vor Kriegsausbruch kam es durch Dienstverpflichtungen zu einem Mangel an Facharbeitern, für die angelernte Kräfte an die Maschinen gestellt werden mußten. Die Produktion rund um die Uhr ließ den Maschinenverschleiß schneller steigen, aber Ersatz konnte nicht beschafft werden.
Das alles galt für die Wirtschaft wie für Henschel, wo die Nutzfahrzeugfertigung früh auf den militärischen Bereich ausgerichtet werden mußte und schon 1933 die ersten Konstruktionsaufträge für leichte gepanzerte Fahrzeuge einliefen. In welcher Geschwindigkeit der „Aufschwung" vor sich ging, läßt sich aus den Geschäftsberichten zwischen 1933 und 1936 allein anhand der Personalkosten entnehmen. 1933 waren fast 5 Mio. RM an Löhnen und Gehältern gezahlt worden, vier Jahre darauf mehr als das Vierfache. Die freiwilligen sozialen Leistungen stiegen in der gleichen Zeit um das Zehnfache auf 1 Mio. RM. Die seit der Wirtschaftskrise geschlossenen Kindergärten und die Haushaltsschule wurde 1935 wieder eröffnet; ebenfalls 1935 begann der Bau der ersten Arbeiter-Eigenheimsiedlung, in der zwei Jahre später die ersten 20 Häuser bezogen werden konnten.
1937 wurde Oscar R. Henschel Alleinvorstand der Aktiengesellschaft, die allerdings im gleichen Jahr in eine GmbH zurückverwandelt wurde. Dazu heißt es im Geschäftsbericht: „Wir bezwecken hiermit eine Entschachtelung unseres Unternehmens sowie eine stärkere Herausstellung der von uns stets gepflegten Familientradition." 1942 mußte Oscar R. Henschel den Vorsitz der Geschäftsführung niederlegen; mit dem Gauleiter und dem Gauwirtschaftsberater hatten sich schwere Differenzen über das vorgeschriebene Leistungssoll der Werke ergeben. Er durfte Kassel nicht mehr betreten und konnte sein Unternehmen nur noch aus der Ferne, von Berlin aus, als Aufsichtsratsvorsitzender lenken. Bei dem Betriebsappell, mit dem der alte „Betriebsführer" verabschiedet und der neue eingeführt wurde, überbrachte ihm ein General ausdrücklich persönlich Grüße und Dank des Heereswaffenamtes, während der Gauleiter für den scheidenden Familiensenior kein Wort übrig hatte und vor der Belegschaft mit indirekten Vorwürfen nicht zurückhielt: Der neue Betriebsführer brauche nur seine Gefolgschaftsmänner richtig anzufassen, dann werde jeder freudig und verantwortungsbewußt seine Pflicht erfüllen.
Nach der Besetzung von Kassel wurde Oscar R. Henschel verhaftet und in Ludwigsburg „interniert". Die Vorwürfe richteten sich nicht gegen seine Tätigkeit als Leiter eines Rüstungsunternehmens und nicht gegen seine Parteizugehörigkeit, sondern gegen ihn als Mitglied des Aufsichtsrats der Reichs-Kredit-Gesellschaft AG. Nach etwa zwei Jahren wurde er entlassen, durfte aber erst im März 1949 wieder in die Geschäftsführung eintreten, nachdem Sperre und Kontrolle des Unternehmensvermögens aufgehoben worden waren.
Trotz des Wirtschaftswunders und trotz der inzwischen auf rund 7 000 angewachsenen Zahl der Mitarbeiter – im April 1945 hatten 80 mit Aufräumungsarbeiten in den zu 80% zerstörten Werken begonnen – waren die Sorgen und Belastungen kaum geringer als 1931/32. Die Nutzfahrzeugproduktion war ausgegliedert worden. Bis zur Währungsreform gab es nur wenige Möglichkeiten, die Kriegsschäden dauerhaft zu beseitigen bzw. in moderner Weise auszugleichen. Erst nachdem die Nachhol-Hektik mit ihren ungesunden Verhältnissen abgeklungen war und durch die Stabilisierung der deutschen Währung Exporte möglich wurden, wies die Bilanz 1952 erstmals einen Gewinn von 1 Mio. DM auf, der ebenso wie die Gewinne der folgenden Jahre zum Ausgleich des Verlustvortrags verwendet wurde.
Aus heutiger Sicht betrachtet war es sicher ein Fehler, mit der Entwicklung von Diesel- und Elektrolokomotiven nicht bereits in den 20er oder 30er Jahren planmäßig begonnen zu haben. Der Lizenzvertrag mit der General Motors Corp. (Detroit/USA) aus dem Jahre 1954 konnte das Versäumnis wenigstens zum Teil ausgleichen. Alle anderen neu aufgenommenen Fertigungen reichten nicht aus, die Abhängigkeit von zwei Märkten – Eisenbahnen und Straßenverkehrsgewerbe – auszugleichen. Ende 1956 wurden die Sorgen noch größer. Um einem neuen Management Platz zu machen, trat Oscar R. Henschel aus der Geschäftsführung aus und wurde Ehrenvorsitzender des Aufsichtsrats. Absatzstockungen im Nutzfahrzeuggeschäft, Verluste im Lokomotivexport und Zahlungsverpflichtungen der Henschel & Sohn GmbH für eine von Oscar R. Henschel privat gegründete Henschel-Maschinenbau GmbH führten zu Zahlungsschwierigkeiten. Im Herbst 1957 mußte das Vergleichsverfahren beantragt werden.
Oscar R. Henschel verließ Kassel. Nur noch einmal, im Jahre 1976, besuchte er „seine" Werke. 1982 verstarb er im 83. Lebensjahr. In seiner Heimatstadt fand er die letzte Ruhe.

Der Weg zum Konzernwerk
Ein Beitrag zur Unternehmensgeschichte: 1957–1985

Der Vergleichsantrag für die Henschel & Sohn GmbH bedeutete für das traditionsreiche Unternehmen aber nicht das Ende. Daran konnte auch niemand interessiert sein. Um die gut 10 000 Mitarbeiter nach Möglichkeit weiterbeschäftigen und die Forderungen der knapp 3 000 Gläubiger erfüllen zu können, wurde als Auffang- und Betriebsgesellschaft die Henschel-Werke GmbH gegründet. Diese pachtete die Anlagen der Henschel & Sohn GmbH, übernahm das laufende Geschäft sowie die Darlehensschulden und erwarb das Vorratsvermögen. Die Werkswohnungen und das Werk Altenbauna wurden verkauft, dessen Produktionsprogramme von den Stammwerken übernommen. Der von den Banken als Sanierer eingesetzte Wirtschaftsprüfer J. Semler berief Fritz Aurel Goergen in den Aufsichtsrat, der ihn zum Vorsitzenden wählte. Mit Wirkung zum 1. März 1959 gingen alle Anteile an der Henschel & Sohn GmbH an ein Konsortium über, das aus Herbert Coutinho, Fritz Aurel Goergen und drei Banken bestand. Goergen tauschte den Vorsitz im Aufsichtsrat gegen den Vorsitz in den Geschäftsführungen beider Gesellschaften.
Der zur Vergleichseröffnung erforderliche Finanzstatus der Henschel & Sohn GmbH wies ein Gesamtvermögen von 180,7 Mio. DM und Gesamtverbindlichkeiten von 164,2 Mio. DM aus, so daß sich buchmäßig ein Reinvermögen von 16,5 Mio. DM ergab. Der Vergleichsverwalter schlug im November 1957 unter Berücksichtigung des vorhandenen oder fest zugesagten Auftragsvolumens von rund 270 Mio. DM vor, alle Forderungen voll zu erfüllen, kleinere bis 5 000 DM im Laufe des folgenden Monats, die übrigen in zehn Vierteljahresraten zu 10%, allerdings unverzinst. Bereits im Frühjahr 1959 konnte den Gläubigern angeboten werden, die letzten sechs Raten vorzeitig zurückzuzahlen. Gegen Ende des Jahres wurde die Henschel-Werke GmbH auf die Henschel & Sohn GmbH umgewandelt; gleichzeitig wurde der Name Henschel-Werke GmbH übernommen. Damit war die „Doppelköpfigkeit" der Henschel-Firmen aufgehoben.
Erklärtes Ziel der neuen Geschäftsleitung war es, die durch das Auslaufen des Dampflokomotivbaus zum Teil nicht mehr ausgefüllten Kapazitäten der Werke wieder auszulasten und dazu das Produktionsprogramm so auszubauen, daß Henschel als moderne Schwermaschinenfabrik anzusehen war. Im Endstadium sollten die angestammten Produktionszweige Lokomotiven und Nutzfahrzeuge nur noch einen Umsatzanteil von 50% haben. Damit sollte vermieden werden, die Beschäftigung zu stark oder gar ausschließlich von der Vergabe öffentlicher Aufträge, insbesondere von denen der Eisenbahngesellschaften des In- und Auslands, abhängig zu machen.
In Angriff genommen wurden Programmausweitungen in den Bereichen Schwer- und Werkzeugmaschinen, Mischer für die Kunststoffindustrie, Dampferzeuger und Straßenbaumaschinen. Die Voraussetzungen sollten, wo eigenes Know-how nicht zur Verfügung stand und kurzfristig nicht zu erwerben war, durch Kooperationsverträge geschaffen werden.
Mit der E. W. Bliss Comp. (Conton/USA) wurde eine gemeinsame Tochtergesellschaft E. W. Bliss-Henschel GmbH gegründet, die Walzwerkseinrichtungen vertreiben sollte, deren Teile nach Bliss-Lizenzen in Kassel gefertigt wurden. Ein anderes Abkommen gab es mit der Bell Aircraft Corp. (Buffalo/USA) über den Bau von Spezialflüssigkeitspumpen. Mit der Prodex Corp. (Fords/USA) wurde vereinbart, daß Henschel Prodex-Extruder, Prodex dagegen Henschel Fluid-Mischer bauen sollte. In den angestammten Bereichen wurde der Bau von Dampferzeugern aktiviert, das Baumaschinenprogramm erweitert und das Werkzeugmaschinenprogramm ausgebaut. 1961 wurde die Diesellokomotiven-Fertigung der Maschinenfabrik Esslingen zum Teil übernommen. Im Nutzfahrzeugbereich kam es im gleichen Jahr zu einer Zusammenarbeit zwischen Henschel und der S. A. de Véhicules Industriels et d'Equipments Mécaniques Saviem, Suresnes (Frankreich), deren Aktien sich im wesentlichen im Besitz der Gruppen Renault und Schneider befanden. Sollte diese Vereinbarung im wesentlichen zur Stärkung des Henschel-Nutzfahrzeuggeschäfts im EWG-Gebiet dienen, kam zwei Jahre später mit der britischen Rootes-Gruppe ein ähnlicher Vertrag für den EFTA-Raum zustande. Im Bereich Wehrtechnik wurde ein Zusammenarbeitsvertrag mit der Mowag Motorwagen AG, Kreuzlingen (Schweiz), abgeschlossen. Jedoch hatte Goergen von Anfang an erklärt, daß Henschel keineswegs ein „Rüstungsunternehmen" werden sollte.
Innerbetrieblich gab es eine Vielzahl von Rationalisierungsmaßnahmen im organisatorischen Bereich. Auf dem Gelände des Werks Mittelfeld entstanden eine neue Werft und ein Hubschrauber-Flugplatz, um für die Henschel Flugzeug-Werke ein zukunftsreiches Arbeitsfeld zu schaffen. Investiert wurde u. a. in eine große Produktionsstätte für den Omnibusbau. Gestützt auf eine wesentlich verjüngte Führungsmannschaft konnte Goergen 1960 anläßlich des 150jährigen Bestehens sagen: „Das Werk hat seinen alten Weltnamen zurückgewonnen."
1961 kam es zu einer Veränderung bei den Anteilseignern: Goergen übernahm die Henschel-Anteile von H. Coutinho, die Banken verkauften ihre Pakete gemeinsam an ein US-amerikanisches Konsortium unter Führung der Morgan Guaranty Trust Comp., New York, und eine kleine Spitze wurde von leitenden Mitarbeitern Goergens erworben. Die GmbH erhielt zum 1. Januar 1962 die Form einer Aktiengesellschaft mit einem Grundkapital von zunächst 53 Mio. DM. Damit war dem Unternehmen der Weg zum Kapitalmarkt geebnet, der für die hohen Investitionen mehr und mehr in Anspruch genommen werden sollte. Bereits 1960 war beabsichtigt worden, in den folgenden Jahren 150 Mio. DM zu investieren. 1964 sollten die Aktien an der Börse eingeführt werden.

Das Wachstum des Unternehmens in kurzer Zeit war beeindruckend: Die Umsätze stiegen von 250 Mio. DM (1959) auf 466 Mio. DM (1963). Die Rationalisierungsmaßnahmen ließen den Umsatz je Beschäftigten von 20 500 DM (1959) innerhalb von vier Jahren auf 35 000 DM anwachsen. Damit scheint allerdings ein Kulminationspunkt erreicht gewesen zu sein. Der Bericht über das Geschäftsjahr 1963 spricht erstmalig von „Rationalisierungsbemühungen durch Straffung des Produktionsprogramms" und von einer „sinnvollen Typenbereinigung". Auch für die Anteilseigner war die Zeit der Unternehmenskonsolidierung abgeschlossen: Für das Geschäftsjahr 1963 wurde erstmalig eine Dividende von 6% vom Aufsichtsrat vorgeschlagen.
Diese rasante Entwicklung, die allerdings durch das Wirtschaftswunder, durch Lokomotiv- und Bundeswehraufträge, durch die Verabschiedung der zu lange diskutierten Straßenverkehrszulassungsordnung deutlich begünstigt wurde, wurde jäh gestoppt. Der unermüdliche Motor Goergen wurde des Betrugs und der Untreue bezichtigt und wegen Verdunklungsgefahr im April 1964 zusammen mit einigen Mitarbeitern verhaftet. Nach 45 Tagen wurde die Untersuchungshaft gegen Zahlung einer Kaution ausgesetzt. Jedoch verzichtete Goergen darauf, die Leitung der Henschel-Werke wieder zu übernehmen, zumal sich sein Gesundheitszustand während der Haft außerordentlich verschlechtert hatte. Außerdem befürchtete er, daß das Verfahren gegen ihn in jedem Fall länger dauern würde, als das Unternehmen die Abwesenheit seines Vorstandsvorsitzenden vertragen könne. Erst 1975 erfolgte die Rehabilitierung vom Vorwurf, amerikanische Ersatzteile für Panzer zu erhöhten Preisen an die Bundeswehr verkauft zu haben: Das Verfahren wurde eingestellt. Die naheliegende Befürchtung, das Unternehmen würde durch die Vorwürfe Schaden leiden, erwies sich als grundlos. Henschel wurde von allen Lieferanten weiterhin beliefert, und Kredite wurden nicht gesperrt.
Im Zusammenhang mit einer geplanten Kapitalerhöhung hatte Goergen den Rheinischen Stahlwerken, Essen, bereits vor seiner Verhaftung eine Beteiligung von 12% angeboten. Das damals wie eine Holding arbeitende Essener Unternehmen verfolgte jedoch in seiner Beteiligungspolitik den Grundsatz, keine Minderheiten zu erwerben. „Als Person diskreditiert", verkaufte Goergen nach der Haftentlassung seine Henschel-Anteile als geschlossenes Paket an Rheinstahl; wenig später gab auch die Morgan-Gruppe ihre Henschel-Anteile an Rheinstahl ab.
Für die Henschel-Werke begann damit eine neue Epoche. Zum ersten Mal war der Eigentümer nicht mehr an Ort und Stelle anwesend; aus einem bisher von einigen wenigen Personen geführten Unternehmen war ein Konzernwerk mit der Notwendigkeit geworden, sich mit „Mutter" und „Schwestern" abzustimmen. Die Umstellung war für viele Henschelaner wahrscheinlich sehr schwer. Zunächst wurde davon im wesentlichen nur der Nutzfahrzeugbereich betroffen, da die Schwestergesellschaft Rheinstahl Hanomag AG bereits in diesem Markt, wenn auch mit Typen geringerer Nutzlast, tätig war. Henschel löste sich von den Kooperationspartnern Saviem und Rootes, da deren Programme dem der Hanomag zu ähnlich waren. 1967 übernahmen die Henschel-Nutzfahrzeuggesellschaften Vertrieb und Wartung der Hanomag-Lastkraftwagen; jedoch war die Marktsituation für alle Lkw-Klassen so schwierig geworden, daß das gemeinsame Programm 1969 in die neu gegründete Hanomag-Henschel-Fahrzeugwerke GmbH eingebracht wurde. An dieser Gesellschaft beteiligte sich die Daimler Benz AG zunächst mit 51%; die restlichen Anteile gingen 1972 von Rheinstahl an Daimler Benz über.
1970 gab es für Henschel eine weitere einschneidende Änderung. Im Rheinstahl-Konzern waren umfangreiche Strukturveränderungen erforderlich geworden, um durch Rationalisierung und Straffung einzelner Produktgruppen wieder rentabel zu werden. Das Gesamtprogramm wurde nach fertigungstechnischen und marktmäßigen Gesichtspunkten zusammengefaßt. Dazu mußten alte Werksstrukturen aufgelöst und in übergeordnete Geschäfts- und Produktbereiche eingegliedert werden. Viele bislang juristisch selbständige Rheinstahl-Unternehmen wurden auf die Muttergesellschaft umgewandelt. Andererseits behielten die Geschäftsbereiche und deren Vorstände im Verhältnis zum Konzernvorstand den Status einer selbständigen Aktiengesellschaft, auch wenn der Geschäftsbereich nur als Niederlassung der Rheinischen Stahlwerke eingetragen war.
Auch die Rheinstahl Henschel AG wurde auf die Rheinischen Stahlwerke umgewandelt, die Produktion und damit auch die Werke auf mehrere Geschäfts- und Produktbereiche aufgeteilt. Für die Geschäftsbereiche Rheinstahl Transporttechnik und Rheinstahl Sonderfertigung blieb der Verwaltungssitz Kassel. 1972 erfolgte ihre Zusammenfassung unter einheitlicher Leitung. Der traditionsreiche Name Henschel trat in mehreren Produktbereichen weiterhin in Erscheinung, um die Herkunft von Lokomotiven, Dampferzeugern und Kunststoffmischern, Werkzeug- und Schwermaschinen, Schmiedestücken und Getrieben deutlich zu machen. Nachdem die Mehrheit an Rheinstahl von der heutigen Thyssen AG erworben worden war, erhielten die Kasseler Werke den Namen Henschel in Verbindung mit dem Firmennamen Thyssen zurück. Seit 1976 firmiert der Geschäftsbereich als Thyssen Industrie AG Henschel oder in der geläufigeren Kurzform als Thyssen Henschel.
Trotz zahlreicher Eingriffe behielt Thyssen Henschel den Charakter einer Maschinen- und Lokomotivfabrik. Seit 1970 waren das Stammwerk am Möncheberg verkauft, die letzte Gießerei im Werk Mittelfeld stillgelegt, der Getriebebau zeitweilig ausgeklammert worden. Andererseits

gab es auch eine Reihe neuer Impulse, die zu einem zukunftweisenden Programm führten. Schon 1969 war der Bereich Industrie- und Streckenlokomotiven der Klöckner-Humboldt-Deutz AG erworben worden. Die Dampferzeugerfertigung erhielt neuen Aufschwung, im Schwermaschinenbau gab es neue Entwicklungen in den Bereichen Schrottverarbeitungsmaschinen, Mischer und Einrichtungen zur Handhabung von bestrahltem Material aus Kernkraftwerken. Die Schmiede in Rothenditmold wurde grundlegend umgebaut. Mit dem Erwerb der Herbert Maschinen und Anlagen GmbH konnte das Know-how zur Herstellung von Reifenpressen erworben werden. Die Gründung der Automation und Steuerungstechnik GmbH (AST) und die Übernahme der technischen Betreuung der Blocher Motor GmbH & Co KG ermöglichten Schritte in bisher noch nicht betretene Gebiete.

Prüfstände für Schwing- und Betriebsfestigkeitsuntersuchungen im Thyssen Forschungszentrum Kassel

Wesentliche Bedeutung erlangte innerhalb weniger Jahre das 1970 gegründete Forschungszentrum für Fertigungstechnik und Erzeugnisuntersuchung, in dem Gestalt- und Betriebsfestigkeitsuntersuchungen, Erschütterungs- und Geräuschuntersuchungen sowie Getriebeversuche durchgeführt und generelle Schwingungsprobleme behandelt werden. Das Forschungszentrum steht sämtlichen Gesellschaften der Thyssen-Gruppe zur Verfügung und arbeitet darüber hinaus mit anderen technischen Institutionen, zum Teil gefördert durch Mittel der Öffentlichen Hand, auch für Dritte zusammen.
Aus der Henschelschen Werkstatt in der Weserstraße entwickelte sich, besonders für den Lokomotivbau, ein Weltunternehmen; nach heutigen Maßstäben würden die Kasseler Werke als selbständige Firma allerdings nur eine mittlere Größenordnung erreichen. Nach einigen Umwegen hat Henschel jedoch nun in einem Unternehmen von internationaler Bedeutung Aufnahme gefunden. Damit sind die Voraussetzungen für die Zukunft des 175 Jahre alten Werkes gesichert: Die Tradition der technischen Überlieferung, der Mut zum Betreten von technischem Neuland und das kräftige Dach des Thyssen-Verbunds.

Vom Gießhaus zur Maschinenfabrik
Ein Beitrag zur Kasseler Werksgeschichte: 1810–1985

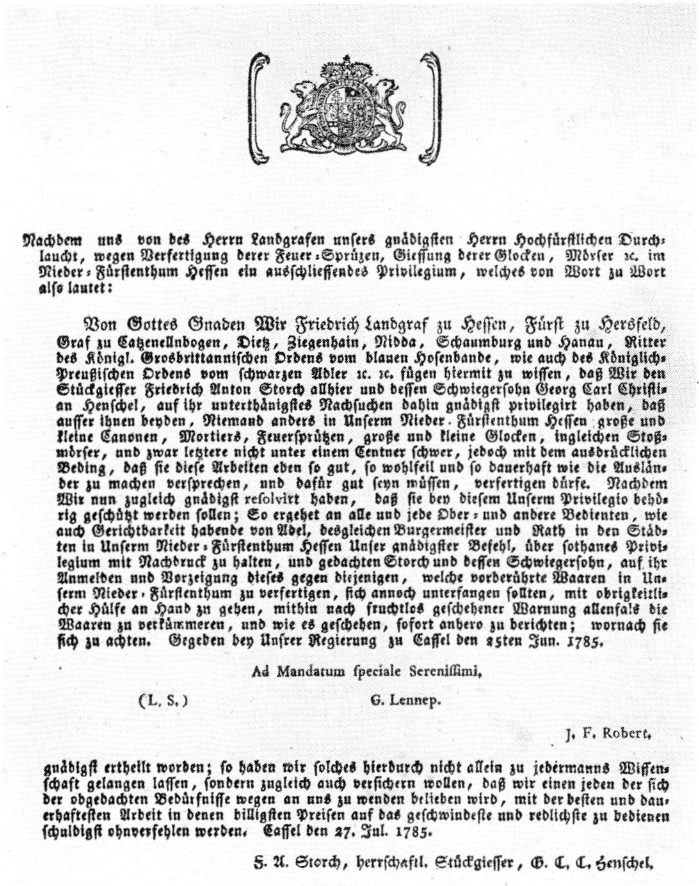

Nachdem uns von des Herrn Landgrafen unsers gnädigsten Herrn Hochfürstlichen Durchlaucht, wegen Verfertigung derer Feuer-Sprützen, Giessung derer Glocken, Mörser ꝛc. im Nieder-Fürstenthum Hessen ein ausschliessendes Privilegium, welches von Wort zu Wort also lautet:

Von Gottes Gnaden Wir Friedrich Landgraf zu Hessen, Fürst zu Hersfeld, Graf zu Catzenellnbogen, Dietz, Ziegenhain, Nidda, Schaumburg und Hanau, Ritter des Königl. Grosbrittannischen Ordens vom blauen Hosenbande, wie auch des Königlich-Preußischen Ordens vom schwarzen Adler ꝛc. ꝛc. fügen hiermit zu wissen, daß Wir den Stückgiesser Friedrich Anton Storch allhier und dessen Schwiegersohn Georg Carl Christian Henschel, auf ihr unterthänigstes Nachsuchen dahin gnädigst privilegirt haben, daß ausser ihnen beyden, Niemand anders in Unserm Nieder-Fürstenthum Hessen große und kleine Canonen, Mortiers, Feuersprützen, große und kleine Glocken, ingleichen Stoßmörser, und zwar letztere nicht unter einem Centner schwer, jedoch mit dem ausdrücklichen Beding, daß sie diese Arbeiten eben so gut, so wohlfeil und so dauerhaft wie die Ausländer zu machen versprechen, und dafür gut seyn müssen, verfertigen dürfe. Nachdem Wir nun zugleich gnädigst resolvirt haben, daß sie bey diesem Unserm Privilegio behörig geschützt werden sollen; So ergehet an alle und jede Ober- und andere Bedienten, wie auch Gerichtbarkeit habende von Adel, desgleichen Burgermeister und Rath in den Städten in Unserm Nieder-Fürstenthum Hessen Unser gnädigster Befehl, über sothanes Privilegium mit Nachdruck zu halten, und gedachten Storch und dessen Schwiegersohn, auf ihr Anmelden und Vorzeigung dieses gegen diejenigen, welche vorberührte Waaren in Unserm Nieder-Fürstenthum zu verfertigen, sich annoch unterfangen sollten, mit obrigkeitlicher Hülfe an Hand zu gehen, mithin nach fruchtlos geschehener Warnung allenfals die Waaren zu verkümmeren, und wie es geschehen, sofort anhero zu berichten; wornach sie sich zu achten. Gegeben bey Unsrer Regierung zu Cassel den 25ten Jun. 1785.

Ad Mandatum speciale Serenissimi,

(L. S.) G. Lennep.

J. F. Robert.

gnädigst ertheilt worden; so haben wir solches hierdurch nicht allein zu jedermanns Wissenschaft gelangen lassen, sondern zugleich auch versichern wollen, daß wir einen jeden der sich der obgedachten Bedürfnisse wegen an uns zu wenden belieben wird, mit der besten und dauerhaftesten Arbeit in denen billigsten Preisen auf das geschwindeste und redlichste zu bedienen schuldigst ohnverfehlen werden. Cassel den 27. Jul. 1785.

F. A. Storch, herrschaftl. Stückgiesser, G. C. C. Henschel.

Geschäftsanzeige von J. F. A. Storck und G. C. C. Henschel. 1785

Der Lebenslauf eines Unternehmens kann nicht nur und ausschließlich von diesem selbst erzählen. Es ist zu sehr mit seinem Umfeld verbunden, das von den Menschen – besonders von seinen Mitarbeitern –, von den Kräfteverhältnissen in Staat, Gemeinde und Gesellschaft, von Entdeckungen und Erfindungen bestimmt wird. So geht es auch in dem 175 Jahre langen Lebenslauf des Kasseler Unternehmens Henschel.

Im Gießhaus und während der Vertreibung in den Werkstätten des Freyhauses goß und bearbeitete Georg Christian Carl Henschel wohl alles, wonach gefragt wurde. Von Anfang an wird das Programm nicht viel anders ausgesehen haben, als es in einer Zeitungsanzeige im Jahre 1805 geschildert wurde: Es wurden „alle in Guß- und Schraubenarbeit bestehenden Sachen" hergestellt, „sowohl nach eigenen Ideen und Entwürfen, als auch nach mitgetheilten Modellen, Zeichnungen und Beschreibungen mit der äußersten Pünktlichkeit". Zum Teil waren die Erzeugnisse durch das landesherrliche Privileg bestimmt und geschützt, das erstmals 1785 für Storck und Henschel erteilt worden war. Danach durften sie als einzige im Nieder-Fürstentum Kassel (das Gebiet entspricht ganz grob dem heutigen Regierungsbezirk Kassel ohne Oberhessen und Marburg) Geschütze, Glocken und Feuerspritzen herstellen, „jedoch mit dem ausdrücklichen Beding, daß sie diese Arbeiten eben so gut, so wohlfeil und so dauerhaft wie die Ausländer" ausführten. Darüber hinaus wurden Dinge für den täglichen Gebrauch angefertigt und auch instandgesetzt, wobei man Eisen- und Buntmetallschrott zurückkaufte, um ihn in der eigenen Gießerei wieder zu verwenden. Mehr noch, ein Tagelöhner wurde damit beschäftigt, die vom Geschütz- und Glockenguß zurückgebliebenen Schlacken mit einem Hammer zu zerschlagen, damit die darin enthaltene Bronze bei der nächsten Schmelze verwertet werden konnte.

Nach 20 Jahren wurde das kurfürstliche Privileg auf ganz Kurhessen ausgedehnt und, da Storck schon 1793 gestorben war, auf Georg Christian Carl Henschel und den Sohn Johann Werner umgeschrieben. Nun durften Henschel „& Sohn" Gußwaren, Bleirohre und -platten sowie Maschinen jeder Art herstellen. Dazu gehörten auch die von Vater Henschel wahrscheinlich zunächst nur für den eigenen Bedarf konstruierten Werkzeugmaschinen und ab 1820 Stanhopesche Buchdruckpressen, die als erste ganz aus Eisen bestanden und zahlreiche schwere Gußteile benötigten. Das früheste bekannte Privileg für Henschel, das sich auf eine einzelne Maschine bezieht, wurde im Jahre 1801 erteilt. In „seiner vergrößerten mechanischen Werkstätte" hatte Georg Christian Carl Henschel daraufhin eine hydraulische Presse für einen Druck von 50 000 Pfund gebaut. Bei einer der späteren Eingaben erinnerte er daran, daß die Versuche mit dieser Maschine in Anwesenheit des Landgrafen durchgeführt worden waren.

Glocke für die Kirchengemeinde Bettenhausen bei Kassel, gegossen von G. C. C. Henschel. 1818

Kurz bevor Carl Anton Henschel 1817 in den väterlichen Betrieb eintrat, beantragten „der Stückgießer G. C. C. Henschel und dessen zweiter Sohn J. W. Henschel ein Darlehen von 8 000 Thalern auf eine kleine Reihe von Jahren ohne Zinsen". Dieses Kapital sollte „zur Errichtung einer Anstalt, um Dampfmaschinen zu jedem möglichen Gebrauche zu fertigen", dienen. Die Oberrentkammer befürwortete den Antrag im Grundsatz: Die Entwicklung in den deutschen Hauptstädten wie Berlin und München habe „die Supplikanten zur Eröffnung einer in Deutschland noch nirgends bestehenden Anstalt veranlaßt, worin sie die gedachten, auf die mannigfaltigsten Zweige der Industrie anwendbaren Maschinen nach eines jeden Bedürfnis im Großen wie im Kleinen zu erbauen, und überall nach Vorlage damit auszuhelfen beabsichtigten". Werde das Gesuch abgelehnt, bestünde die Gefahr, daß sich ähnliche Anstalten außerhalb Kurhessens entwickelten. Damit würden aber bedeutende Summen Geldes in das Ausland fließen; wenn aber in Kassel eine derartige Fabrik bestünde, könne das Kurfürstentum durch Exporte Devisen einnehmen. Allerdings empfahl die Oberrentkammer, die Darlehenssumme auf maximal 3 000 Taler zu begrenzen, diesen Betrag jedoch auf sechs Jahre ohne Zinsen auszuleihen. Der Kurfürst bewilligte 2 000 Taler; als die Laufzeit verstrichen war, bat Henschel um Verlängerung, die jedoch abgelehnt wurde. Henschel bat erneut um Zahlungsaufschub, weil die in seiner Gießerei nach Entwürfen des Sohnes Werner hergestellten bronzenen Zieröfen „aus Kanonenmetall" für das Kurfürstliche Residenz-Palais in Kassel, für die er 2 100 Taler zu erwarten hatte, noch nicht fertig waren. Dieser Bitte wurde entsprochen, aber Henschel zahlte den Kredit trotzdem erst nach mehrmaligem Mahnen im März 1824 zurück.
Die Meinung der Oberrentkammer, daß Henschel eine in Deutschland noch nicht bestehende Fabrik betriebe, entsprach natürlich nicht ganz den Tatsachen. In Preußen hatten die Hohenzollern den Dampfmaschinenbau nach englischen Vorbildern bereits mit Mitteln des „Landesmeliorationsfonds", einer Art Entwicklungskasse, so weit gefördert, daß 1785 die erste Dampfmaschine preußischer Fertigung in Hettstedt in Betrieb ging. Die nächsten „Feuer-Maschinen" wurden, wenn auch mit unterschiedlichen Erfolgen, noch vor der Jahrhundertwende in Oberschlesien auf den Zechen und Hütten des preußischen Bergfiskus installiert. Von dort kam auch die erste, die 1801 im Ruhrgebiet aufgestellt wurde, und die Franz Dinnendahl veranlaßte, den Beruf des Zimmermanns mit dem des Maschinenbauers zu vertauschen. Von 1801 bis 1803 bauten die Brüder Dinnendahl in ihrer Werkstatt in Essen die erste Dampfmaschine im Ruhrgebiet. Bruder Johann machte sich 1811 – im gleichen Jahr, in dem Fried. Krupp in Essen seine „Fabrik zur Fertigung von englischem Gußstahl" gründete – in Mülheim (Ruhr) selbständig, um auf eigene Rechnung Dampfmaschinen zu bauen. Er richtete 1820 zusätzlich eine Eisengießerei ein, aus der sich die Friedrich Wilhelms-Hütte, das heutige Hauptwerk der Thyssen Guß AG, entwickelte.
Die Einführung der Dampfmaschine vollzog sich in Kurhessen jedoch erheblich langsamer, als Vater Henschel und seine Söhne erwartet hatten. Das geht aus dem Gesuch um Verlängerung des Privilegs im Jahre 1829 hervor: Seit 1803 bemühe man sich, vor allem kleine Dampfmaschinen für solche Arbeiten zu bauen, „wozu man sich in hiesigen Landen noch der Pferde bedienen muß". Dabei habe man vor allem darauf geachtet, möglichst wirtschaftliche, brennstoffsparende Maschinen zu entwickeln. 1816 sei dann „das damals vorgezeigte und noch vorhandene Modell zu einer solchen Maschine, besonders eingerichtet zu einem Dampfwagen" angefertigt worden. Seit dieser Zeit habe man trotz Veröffentlichungen in schon damals weit verbreiteten technischen Zeitschriften „keine reelle Bestellung" erhalten können. Weitere verbessernde Erfindungen, u. a. „eine Verwandlungsart gradliniger Bewegung in rotierende" sowie eine „dampfdichte Liederung [Dichtung] mit Schmiere" hätten daran nichts geändert. Gegenwärtig werde eine 4-PS-Dampfmaschine „nach unseren Prinzipien" gebaut, die „wenn sich inzwischen kein anderer Liebhaber dazu findet, zu eigenem Gebrauch benutzt werden soll."
Tatsächlich fand sich kein anderer Liebhaber für diese Maschine. 1830 berichtete Henschel, daß sie in der Ziegelei des Ziegel- und Braunkohlenwerks Möncheberg in Betrieb sei. Dieses Unternehmen hatte Werner Henschel wahrscheinlich zusammen mit seinem Bruder Carl Anton und zwei weiteren Kasseler Unternehmern gegründet, um die im Norden und Nordosten von Kassel anstehenden Ton- und Braunkohlenvorkommen auszubeuten. Die Maschine leistete, schrieb Henschel weiter, „den beabsichtigten Effekt mit einem Brennmaterialaufwand von täglich 4 ggr*) und einem Knaben zur Bedienung ... daß man 12 Pferde darauf halten müsse, um ein gleiches Resultat zu erzielen." Durch die bedeutenden Vereinfachungen lägen die Anschaffungskosten bis drei Viertel oder zwei Drittel niedriger als die „damaligen französischen oder niederländischen Preiße". Aufgrund dieser Angaben wurde der Firma Henschel & Sohn das Privileg erteilt, nach dem „binnen sechs Jahren in dem Kurstaat Niemand eine Dampfmaschine in der durch sie erfundenen Konstruktion fabrizieren noch einführen" dürfe. Allerdings hatte auch die Kurfürstliche Oberbaudirektion bei der Regierung „dringend" darauf angetragen, das Privileg zu verlängern, besonders unter Berücksichtigung der nicht unbedeutenden Opfer, die die Antragsteller Henschel & Sohn „bis dahin noch ohne alle Vorteile für Sie" gebracht hätten. 1837 wird erneut um Verlängerung des Privilegs gebeten: Seit 1830

*) Ein guter Groschen (ggr) = 12 Pfennige; 24 ggr = 1 Taler. Für 4 ggr bekam man in dieser Zeit 5 Pfund Roggenbrot.

habe man keinen Abnehmer gefunden. Jetzt sei plötzlich die Nachfrage da, jedoch das Patent abgelaufen. Doch trotz aller inzwischen erreichten Verbesserungen der Konstruktion wurde es nicht mehr verlängert, weil der Beitritt zum Deutschen Zollverein Einschränkungen des einzelstaatlichen Patentwesens mit sich gebracht hatte. Aus demselben Grund wurde im gleichen Jahr das Gesuch für ein Patent auf „neu erdachte größere Artikel in Eisenblech" zurückgewiesen. Dabei handelte es sich um Spitzen und Kuppeln für Kirchtürme, Dachfenster sowie „Decken feuersicherer Zimmer in Schlössern, Bibliotheken, Museen, Bildergalerien, Kirchen, Warenlagern und Gefängnissen." Bei einem Blechpreis von 2 ggr je Pfund sei das Material erheblich billiger als bisher verwendetes und besonders im Hinblick auf die Feuersicherheit gegenüber dem Holz zu bevorzugen. Interessant ist der Hinweis, warum man derartige Eisenkonstruktionen in das Lieferprogramm aufnehmen wollte: „Mit der Erbauung eines neuen, kostspieligen Fabrik-Locals beschäftigt, muß unsere Sorge dahingehen, uns durch neu erdachte Erfindungen Beschäftigung herbeizuziehen, wodurch unsere Maschinen in Thätigkeit gehalten werden können."
Schon seit 1817 hatte Carl Anton Henschel durch neue Erfindungen das Programm erweitert. Allerdings trug auch die Gießerei, in der Vater, Bruder und inzwischen zehn Gesellen arbeiteten, nach wie vor ihren Anteil am Unternehmenserfolg bei, wie die „Teufels-Brücke" von 1826 im Garten von Schloß Wilhelmshöhe beweist. 1829 taucht

Gußeiserne Teufelsbrücke im Park von Schloß Wilhelmshöhe. 1826

zum ersten Mal die Formulierung „die Maschinen-Fabrikanten Henschel und Sohn" in einem Gesuch von Carl Anton Henschel auf. In der Allgemeinen Encyclopädie von Ersch und Gruber, die 1830/31 erschien und zu den wichtigsten Nachschlagewerken der damaligen Zeit zählte, wurde die „Maschinenfabrik von Henschel" als erster der Kasseler Gewerbebetriebe aufgeführt.

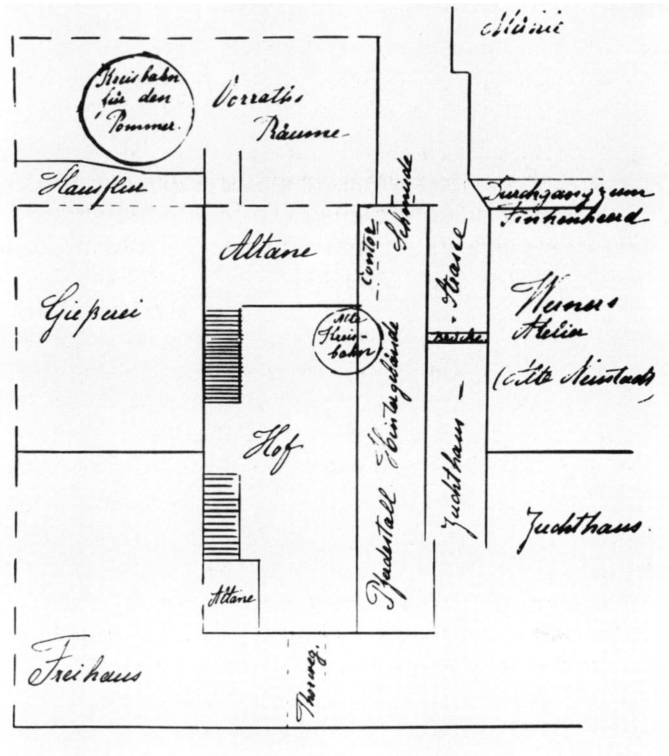

Lageplan von Gießhaus und Freyhaus an der Weserstraße (links), nach der Erinnerung gezeichnet von E. Moye. 1889

Gießerei und Werkstatt wurden bald zu klein. Um 1835 entschloß man sich zu einem Neubau auf der grünen Wiese und erwarb das Gelände am Möncheberg zwischen „Katzensprung" und Seilerstraße vor dem Holländischen Tor. Darauf bezog sich auch der Hinweis auf das „neue, kostspielige Fabrik-Local" aus der Eingabe von 1837. Einen Teil des erforderlichen Geldes erhielten Henschels durch den Verkauf ihrer 1817 erworbenen Rothemundschen und von Uslarschen Gärten, die das Kurfürstliche General-Kriegs-Departement für den Bau einer Artilleriekaserne 1829 für 13 900 Taler erworben hatte. Ursprünglich sollten diese Gärten dazu dienen, die Werkstätten des Gießhauses und des Freyhauses in angemessener Weise zu erweitern. Das gemeinsame Vermögen der Brüder Henschel war nach dem Tode des Vaters beim Abschluß des Geschäftsjahrs 1836 mit 20 000 Talern festgestellt worden. Wenn dieser Wert auch den Immobilienbesitz nicht berücksichtigte, so war er für einen großzügigen Fabrikneubau keine überaus breite Finanzbasis.
Der Neubau, dessen Pläne und Entwürfe von Carl Anton stammten, wurde durch ein Ereignis beschleunigt, dessen Bedeutung nur mit der Vertreibung von Georg Christian Carl Henschel aus dem Kurfürstlichen Gießhaus gleichgesetzt werden kann. Im September 1836 vernichtete ein Brand das Gießhaus und die Werkstatt, die Maschinen und die Werkzeuge. Das Freyhaus hat die Brandkatastrophe überdauert; das alte Gießhaus an der Weserstraße

wurde nicht wieder aufgebaut. Wie sein Vater 1810, mußte Carl Anton wieder fast von vorn anfangen.
Der Mittelpunkt der Fabrik wurde der Kuppelbau des Gießhauses, in dem ein Flammofen stand; die Vorherde von zwei Kupolöfen, die in einem Anbau untergebracht waren, ragten in das Gießhaus hinein. Ein Zentralbau war für eine Gießhalle nicht ungewöhnlich, aber der schlichte, harmonische Backsteinbau zählte bald zu den Sehenswürdigkeiten Kassels und gilt noch heute als eines der schönsten Industriedenkmale in Nordhessen. Das Wohnhaus von Henschel lag gleich nebenan; direkt anschließend war die Dampfmaschine untergebracht.
Wohl im Zusammenhang mit dem Brand erhielt Henschel im Oktober 1836 aus dem Gewerbefonds 5 000 Taler geschenkt. Im gleichen Monat erschien im Hauptbuch zum ersten Mal das Konto „Fabrikgebäude". Bis Jahresende wurden 2 500 Taler für den Neubau ausgegeben, im Jahr darauf knapp 4 000 Taler. 1838 mußten noch weitere rund 5 900 Taler aufgewandt werden. Vielleicht hat es in dieser Zeit schon eine erste Erweiterung der Fabrik gegeben, denn 4 300 Taler fielen erst in der zweiten Jahreshälfte an. Ab 1840 wurden dem Fabrikgebäudekonto nur noch kleinere Ausgaben, die eher Reparaturen vermuten lassen, belastet.
Rund 12 400 Taler für einen Fabrikneubau waren – auf drei Jahre verteilt – kein gewaltiger Betrag, wenn man bedenkt, daß die erste Lokomotive, mit der 1835 in Deutschland der Eisenbahnverkehr begann, für fast 9 300 Taler in England gekauft werden mußte. Andererseits gab es bei Henschel nur selten Aufträge, die Umsätze über 1 000 Taler brachten. Mit welchem Kleinkram sich eine Fabrik, die immerhin 200 Arbeitsplätze bot, abzugeben hatte, zeigen Einzelheiten

Grundrisse des Werks am Möncheberg 1838, 1855, 1873 und 1898 (1 = Wohn- bzw. Bürogebäude, 4 = Gießhaus)

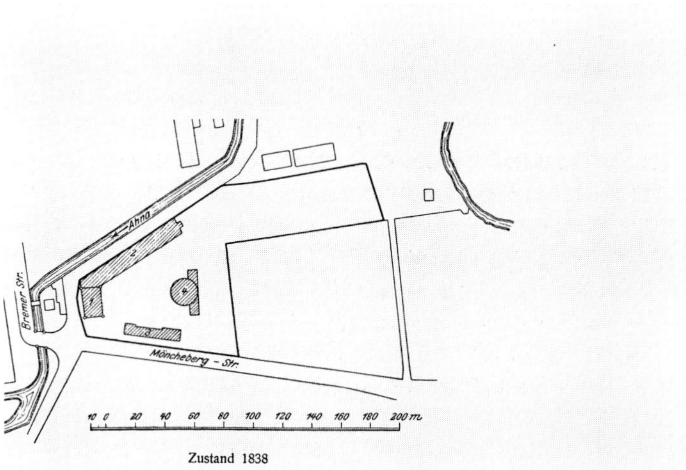

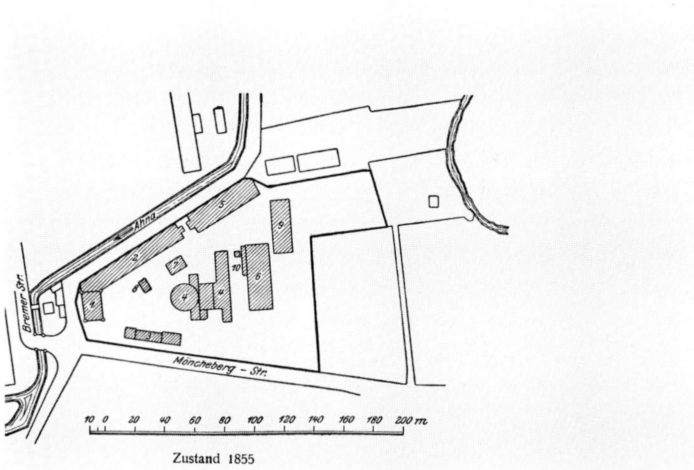

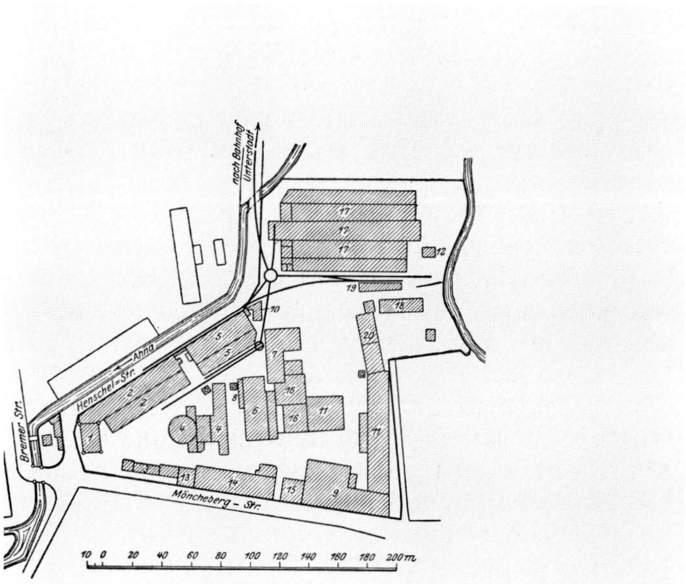

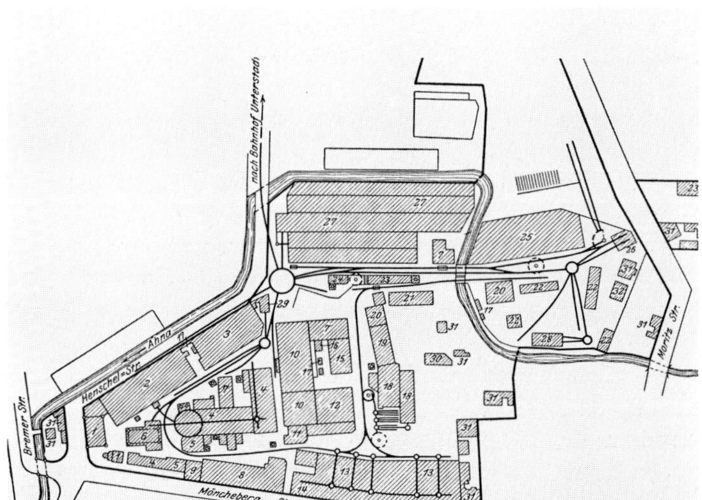

aus dem Kommissionsbuch von 1844. Im Januar ging es von zwölf hanfenen Feuereimern über sechs Bügeleisen zu „Henschelschen Lampen“ für 3 Taler pro Stück. „Fürs Drehen einer Schraube“ mußte ein Taler bezahlt werden, halbzölliges Bleirohr wurde mit 6¼ Silbergroschen je Fuß verkauft, und für die Instandsetzung einer Stanhopeschen Presse „incl. Eisenbearbeitung und Anstrich“ waren 43 Taler zu bezahlen. Es muß sich um eine größere Reparatur gehandelt haben, denn es wurden für 660 Pfd. „Altgußeisen“ 9 Taler gutgeschrieben.

Das teuerste Produkt bis 1847 war ein Dampfbagger mit einer 10-PS-Dampfmaschine für 8 200 Taler. Sie wurde an die Königlich-Sächsische Wasserbaudirektion in Dresden geliefert. Zum Zusammenbau und Einfahren der Maschine brauchte „Monteur Schmidt“ 70 Tage, die mit je 1⅔ Talern in Rechnung gestellt wurden. Eine gleiche Maschine wurde dann noch einmal für die Königlich Sächsisch-Böhmische Staatseisenbahn gebaut. In dieser Zeit reichte der Abnehmerkreis vereinzelt schon weit über Kurhessen hinaus. Es gab Kunden in Ratibor, Chemnitz und Berlin, und selbst das Preußische Bergamt in Tarnowitz (Oberschlesien) ließ ein Musterstück anfertigen.

Im allgemeinen weist das Kundenregister jener Jahre in der Mehrzahl Handwerker, kleine Gewerbebetriebe und Privatpersonen in Kurhessen und den angrenzenden Staaten aus. So kaufte Professor Liebig in Gießen sieben „Henschelsche Lampen“, und der Gedanke, daß im Großherzogtum Hessen-Darmstadt über künstlichen Dünger und Fleischextrakt im Lichte einer Öllampe aus dem Kurfürstentum Hessen-Kassel nachgedacht worden ist, entbehrt nicht eines gewissen Reizes. Der Fabrikant Rüppel in Großalmerode bestellte vier Formen für „Tonpfeiffen“, ein Gastwirt eine „vollständige einzügige Bierpumpe ohne Kasten“, und Schlosser und Schmiede, die Hofbaudirektion sowie Bergämter und Salinenverwaltungen ließen sich Teile aus Guß (1¼ Silbergroschen pro Pfund), aus Schmiedeeisen (5 Silbergroschen pro Pfund) oder Blech (15 Silbergroschen pro Pfund) anfertigen. Besonders häufig tauchen Mühlenbesitzer und „Oeconomen“ unter den Kunden auf, die Ersatzteile für ihre Getreide- und Ölmühlen, Kartoffelpressen und andere landwirtschaftliche Geräte herstellen ließen. Für die Brennereien waren es Brennapparate, Maische- und Branntweinpumpen, die man bei Henschel herstellen oder reparieren lassen konnte.

Der Anteil dieser Leistungen betrug 1844 knapp 40% der 48 900 Taler Gesamtumsatz; der Umsatz mit Dampfmaschinen und mit anderen Maschinen machte je rund 25% aus. In der Mehrzahl waren es also Allerwelts-Kommissionen, mit denen sich das Unternehmen zu beschäftigen hatte. So ist es nicht verwunderlich, daß Henschel immer wieder Geld aufnehmen mußte, um seine weiterreichenden Pläne verwirklichen zu können. Von der Landeskreditkasse erhielt er im Oktober 1837 ein Darlehen von 8 000 Talern, vom Handels- und Gewerbs-Verein „zur Anschaffung von Maschinen“ in 2½ Jahren 4 400 Taler. Bei der letzten Rate machte der Buchhalter einen interessanten Vermerk: „Rest der Anleihe auf die englischen Maschinen“. Das Unternehmen bezog, wie viele der zur gleichen Zeit entstehenden Fabriken, die erste Maschinenausrüstung aus England. Es handelte sich um eine Eisenbohr- und eine Eisenhobel-Maschine, die zollfrei eingeführt worden waren. Die „Ober-Zoll-Direktion“ in Kassel äußerte jedoch Bedenken, daß der unverzollte Import völlig rechtens sei. Immerhin wäre zwar anzunehmen, daß derartige Maschinen nicht im Kurfürstentum gebaut werden könnten, aber es müsse doch noch geprüft werden, ob sie auch „innerhalb der Zollvereinsstaaten in gleicher Güte angefertigt werden resp. aus denselben mit nicht unverhältnismäßig größeren [richtig: geringeren] Transportkosten, wie aus dem Auslande, zu beziehen seien.“ Kleinstaatliche Bürokratie vermochte unternehmerisches Wagnis nicht zu fördern.

Angesichts der wirtschaftlichen Struktur Kurhessens und der eigenen finanziellen Situation war der Entschluß von Henschel, bereits 1816 im abgelegenen Kassel Dampfmaschinen bauen zu wollen, besonders kühn. Hinter den oberschlesischen Dampfmaschinenbauern stand der preußische Staat mit seinen technischen Beamten. Die Brüder Dinnendahl hatten Kontakt zu den Technikern der Bergämter; außerdem waren sie Kunden und Lieferanten bei Unternehmern wie Krupp in Essen, Harkort in Wetter und Jacobi, Haniel & Huyssen in Sterkrade. Hier boten sich also Möglichkeiten, Erfahrungen auszutauschen, sich zu verständigen, auch wenn die Konkurrenz zwischen den jungen Hüttenwerken und Maschinenfabriken hart war. Georg Christian Carl Henschel und sein Sohn Carl Anton dagegen standen in Kassel und Umgebung so gut wie allein. Industrielle Erfahrung aus Bau und Einsatz von Maschinen gab es in Kurhessen praktisch nicht, es sei denn durch die Konstruktionen von Carl Anton. Allerdings hatte dieser im Vergleich zu vielen „Jungunternehmern“ im Ruhrgebiet eine fundierte technische Ausbildung, Erfahrung im Betrieb von Maschinen und den „Notanker“ einer staatlichen Stellung.

Als der Kurfürst 1817 das Privileg für Henschel erteilte, Hochdruck-Dampfmaschinen zu gewerblichen Zwecken in Kurhessen zu bauen, war in diesem Land dafür kaum Bedarf vorhanden. Noch 1844 gab es im Kurfürstentum erst acht Dampfmaschinen mit einer Gesamtleistung von 89 PS. Vier davon liefen in Kassel, u. a. je eine in der Maschinenfabrik Henschel und in der Ziegelei Möncheberger Gewerkschaft. Henschel hatte im gleichen Jahr zwei Dampfmaschinen mit je 6 PS gebaut – eine für die Oberbaudirektion in Kassel und eine zweite für einen Kunden in Ratibor; außerdem noch eine Schiffsdampfmaschine. Es waren aber auch gewaltige Beträge, die für eine Dampfmaschine aufzubringen waren. 1826 kostete eine 6-PS-

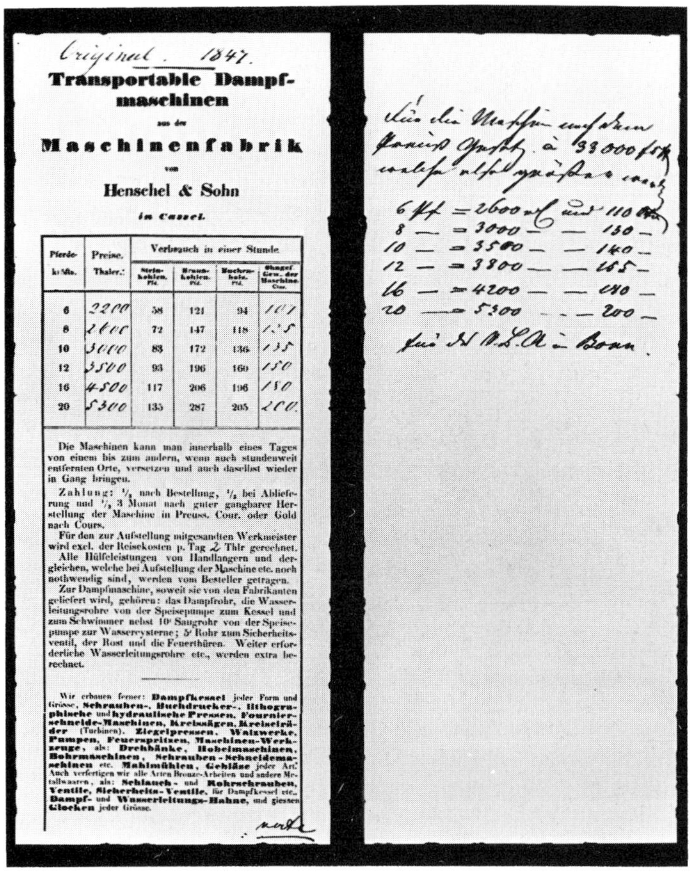

Original. 1847.

Transportable Dampfmaschinen

aus der

Maschinenfabrik

von

Henschel & Sohn

in Cassel.

Pferdekräfte.	Preise. Thaler.:	Verbrauch in einer Stunde: Steinkohlen. Pfd.	Braunkohlen. Pfd.	Buchenholz. Pfd.	Ungef. Gew. der Maschine. Ctr.
6	2200	58	121	94	107
8	2600	72	147	118	125
10	3000	83	172	136	135
12	3500	93	196	160	150
16	4500	117	206	196	180
20	5300	135	287	205	200.

Die Maschinen kann man innerhalb eines Tages von einem bis zum andern, wenn auch stundenweit entfernten Orte, versetzen und auch daselbst wieder in Gang bringen.

Zahlung: ⅓ nach Bestellung, ⅓ bei Ablieferung und ⅓ 3 Monat nach guter gangbarer Herstellung der Maschine in Preuss. Cour. oder Gold nach Cours.

Für den zur Aufstellung mitgesandten Werkmeister wird excl. der Reisekosten p. Tag 2 Thlr gerechnet. Alle Hülfeleistungen von Handlangern und dergleichen, welche bei Aufstellung der Maschine etc. noch nothwendig sind, werden vom Besteller getragen.

Zur Dampfmaschine, soweit sie von den Fabrikanten geliefert wird, gehören: das Dampfrohr, die Wasserleitungsrohre von der Speisepumpe zum Kessel und zum Schwimmer nebst 10' Saugrohr von der Speisepumpe zur Wassercysterne; 5' Rohr zum Sicherheitsventil, der Rost und die Feuerthüren. Weiter erforderliche Wasserleitungsrohre etc., werden extra berechnet.

Wir erbauen ferner: **Dampfkessel** jeder Form und Grösse, **Schrauben-, Buchdrucker-, lithographische** und **hydraulische Pressen, Fournierschneide-Maschinen, Kreissägen, Kreiselräder** (Turbinen), **Ziegelpressen, Walzwerke, Pumpen, Feuerspritzen, Maschinen-Werkzeuge**, als: **Drehbänke, Hobelmaschinen, Bohrmaschinen, Schrauben-Schneidemaschinen** etc. **Mahlmühlen, Gebläse** jeder Art. Auch verfertigen wir alle Arten Bronze-Arbeiten und andere Metallwaaren, als: **Schlauch-** und **Rohrschrauben, Ventile, Sicherheits-Ventile**, für Dampfkessel etc., **Dampf-** und **Wasserleitungs-Hahne**, und giessen **Glocken** jeder Grösse.

8 — = 3000 — — 130 —
10 — = 3500 — — 140 —
12 — = 3800 — — 165 —
16 — = 4200 — — 180 —
20 — = 5300 — — 200 —

Preisliste für Dampfmaschinen. 1847

Dampfmaschine der Freundschen Dampfmaschinenfabrik in Berlin zwischen 3 300 und 3 800 Talern. Zwanzig Jahre später war für eine Maschine von Henschel zwar nur noch knapp die Hälfte zu bezahlen, aber auch 1 500 bis 1 600 Taler waren damals viel Geld. Zum Vergleich: Eine Henschel-Spitzendrehbank mit einer Spitzenhöhe von 26 Zoll (rund 630 mm) und einer Spitzenweite von 9 Fuß (ca. 2,6 m), mit Gewindeschneidvorrichtung, Schwungrad und Riemen kostete 390 Taler. Und die jährlichen (!) Lebenshaltungskosten für eine fünfköpfige Familie lagen 1847 in Kassel zwischen 55 und 87 Talern.

Henschels Kapital bestand also keineswegs in der Marktstellung des Unternehmens, sondern in seiner Erfahrung im Bau von Maschinen und in dem Patent auf eine Dampfmaschine, von der es 1816 im Magazin der neuesten Erfindungen ... heißt: „Maschinendirector Henschel in Cassel hat vor ein Paar Jahren eine Dampfmaschine mit mehreren neuen Einrichtungen gemacht. Das angefertigte Modell kann mit der Kraft von 2 Pferden wirken und bedarf nur eines Raumes von 70 Kubikfuß [etwa 0,2 cbm]. Henschels Absicht war, die Dampfmaschine auch für kleinere Gewerbe, ja selbst für mäßiges Fuhrwerk anwendbar zu machen und mit der Ersparniß an Brennmaterial den Vortheil eines möglichst beschränkten Raums zu verbinden."

Weiter heißt es in der Beschreibung, von der wir annehmen können, daß sie Carl Anton Henschel selbst verfaßt hat, da er den Text in nahezu gleichem Wortlaut unter seinem Namen drei Jahre später in den bedeutenden „Annalen der Physik und der physikalischen Chemie" erscheinen ließ: „Bei einer dieser neuen Maschinen drücken die Dämpfe auf eine mit einem Schwimmer bedeckte Oehl-Oberfläche in zwei abgesonderten Cylindern, und pressen das Oehl durch Verbindungs-Röhren abwechselnd über und unter den Kolben des Treib-Cylinders. Zugleich wird in ihr die nachtheilige Verbreitung eines zu hohen Wärmegrades bis zum Cylinder durch eine zweckmäßige Vorrichtung verhindert. Man hat dann den Zustand des Treib-Cylinders ganz in seiner Gewalt, und es verbreitet sich keine beschwerliche Hitze in den Werkstätten. Dazu kommt noch der große Vortheil, daß die Kolben-Liederung, welche ganz in Oehl und kalt geht, kein besonderes Schmieren und keine schmierige Künstelei erfordert und daß auch dem Dampfverlust durch den Kolben abgeholfen ist." Die Wärme des entspannten Dampfes wurde in einem „Condensator" zum Vorwärmen des Kesselspeisewassers benutzt. Eine Dampfpumpe führte das Kondensat in den Kessel zurück.

Ob Henschels Dampfmaschinen nach diesem Zweikreisprinzip gebaut worden sind, ist bisher noch nicht bewiesen. In den ersten Jahren gab es mindestens Schwierigkeiten mit der Abdichtung des Schwimmers, so daß der Dampf beim Ausströmen Öl mitriß. Jedoch ist der Gedanke, nicht den Dampf selbst im Treibzylinder wirken zu lassen, bestechend einfach.

Die Ablehnung eines anderen Patents durch das Kurfürstliche Ministerium des Inneren im Jahre 1837 brachte Henschel um den Ruhm, in die Reihe der anerkannten Konstrukteure für Wasserturbinen aufgenommen zu werden. In Preußen hatte das „Kreiselrad" des Franzosen Fourneyron große Beachtung gefunden. Allerdings befriedigte diese Lösung, bei der das Turbinenrad waagerecht liegt, noch nicht. Wie andere Techniker bemühte sich Henschel um Verbesserungen, weil das Prinzip des Reaktions- oder Kreiselrades eine wirtschaftliche Ausnutzung der Wasserkraft bei jedem Gefälle erlaubt. Da Fourneyron aber bereits ein französisches Patent besaß und Henschels Verbesserungen als nicht grundsätzlich angesehen wurden, wurde sein Antrag abgelehnt. 1841 baute er für die Herzoglich-Braunschweigische Steinschleiferei in Holzminden eine Reaktionsturbine nach seinem System, die vierzig Jahre in Betrieb war und heute im Deutschen Museum steht. Durch eine Verjüngung des senkrechten Abflußrohres, das luftdicht gearbeitet ist, wirkt das abfließende Wasser saugend und verbessert dadurch den Wirkungsgrad der Turbine, was insbesondere bei hohem Gefälle von Bedeutung ist. Ein französischer Ingenieur bekam von dieser Konstruktion Kenntnis und ließ sie sich unter seinem Namen als „Jonval-Turbine" patentieren.

Nach längeren Diskussionen in der Fachpresse erhielt die Konstruktion den Namen Henschel-Jonval-Turbine, unter dem sie heute noch bekannt ist.
So sehr auch viele Erfindungen geeignet waren, das Leben des einzelnen zu verbessern – den jungen Maschinenfabrikanten wurden in der Zeit des Vormärz neue technische Einrichtungen keineswegs aus der Hand gerissen. Bis sich ein Produkt durchsetzte, dauerte es wohl mindestens zehn Jahre. Um ein Privileg für diesen Zeitraum bat dann Henschel auch in einem Fall, „da unsere bisherige Erfahrung ergeben hat, daß eine kürzere Reihe von Jahren gewöhnlich ohne Erfolg verstreicht, wie dieses bey unseren Preßen, Dampfmaschinen und Ziegelei-Producten allgemein der Fall gewesen ist“. Mit „Ziegelei-Produkten“ meinte Henschel bestimmt die von ihm konstruierten „Ziegelkompressionsmaschinen“, mit denen Dachziegel gleichmäßiger und schneller geformt werden konnten. Die mit diesen Pressen hergestellten Ziegel waren zudem leichter, billiger und haltbarer.
Schon 1837 wird die Kasseler Fabrik als eine „vortreffliche, auch im Auslande rühmlich bekannte Anstalt“ erwähnt. Zwei Jahre später liest man in einer Reisebeschreibung folgende Darstellung: „In seiner Art ist das Etablissement großartig zu nennen. Unten im Hauptgebäude befinden sich die Schmieden, oben die Holzarbeiter, und eine höchst vereinfachte Dampfmaschine mit Hochdruck setzt alle Dreh-, Bohr- und Schneidewerke in Bewegung. Der Kessel besteht wie bei allen neuen Dampfmaschinen aus einzelnen Röhren, hat aber mittels eines Hebelgewichts eine solche Vorrichtung, daß wenn die Dämpfe eine zu starke Spannung bekommen, der Rost, auf dem die Feuerung ruht, sich umklappt, wodurch das Feuer erlischt ... Die Fabrik verfertigt Maschinen aller Art, meistens aber Dampfmaschinen; die hiesige soll 1 800 preußische Taler gekostet haben, was bei der Schönheit der Arbeit eben nicht zu hoch erscheint.“
Schon in der Beschreibung der Dampfmaschine von 1817 wurde ein Kessel mit senkrecht stehenden Rohren von mindestens einem Zoll Durchmesser erwähnt. Die Rohre mündeten in eine „Haube“, aus der der Dampf abgeleitet wurde. Es scheint auch eine Art Explosionsschutz bestanden zu haben, denn es wurde damals von einem Apparat gesprochen, „der die heftig entwickelten Dämpfe so abführt, damit diese das Wasser nicht hinausdrängen“. Dieses Konstruktionsprinzip hatte die Société d'Encouragement 1837 bei einem Schrägrohrkessel „vorzugsweise des ausgesetzten Preises von 12 000 Francs würdig erklärt, obgleich wir als Ausländer diesen Preis nicht erhielten“, wie Henschel in einer der vielen Patenteingaben berichtete. 1844 gab es dann von der französischen Gesellschaft bei einem Wettbewerb um die beste Sicherheitsvorrichtung gegen Dampfkesselexplosionen doch eine Goldene Medaille und einen Geldpreis von 6 000 Francs für Henschel. Immerhin baute er schon Dampf-

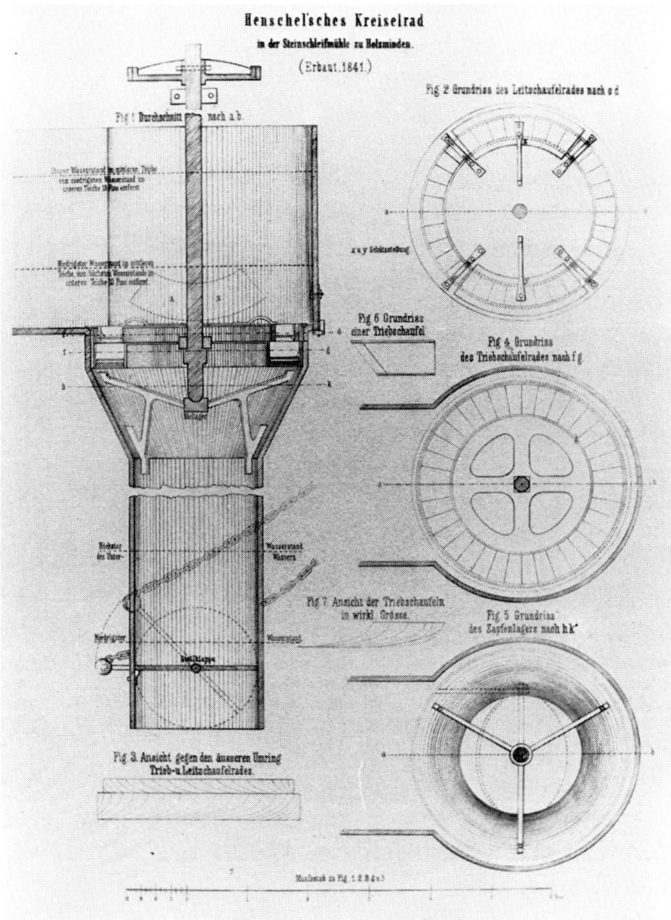

Reaktionsturbine („Kreiselrad“) von C. A. Henschel

Preismünze für C. A. Henschel von der Société d'Encouragement. 1844

kessel für Drücke bis 10 at, während ein Kessel englischer Konstruktion für 4 bis 5 at im Jahr 1837 den Regierungen von Preußen und Rußland noch so wichtig erschien, daß sie Musterstücke bestellten.
Der Bau von schweren Werkzeugmaschinen wurde um 1840 begonnen. Ihre Konstruktionen beruhten wahrscheinlich auf „Prototypen", die man für den eigenen Bedarf zunächst einmal entwickeln mußte. Sie hatten für die Zeit um die Jahrhundertmitte beachtliche Abmessungen. Die größte Tischhobelmaschine konnte ein Werkstück von 4 m Länge, 1 m Breite und 1 m Höhe bearbeiten, die größte Plan- und Spitzendrehbank war für Werkstückdurchmesser von 1,80 m bestimmt, die größte Werkstücklänge bei Spitzendrehbänken lag bei 2,70 m. Offenbar hat der Eisenbahnbau auf die Werkzeugmaschinenentwicklung fördernd gewirkt, denn schon 1843 weist das Unternehmen darauf hin, daß Drehbänke jeder Größe, Maschinen zum Hobeln, Bohren, Schraubenschneiden, Nutenstoßen usw. gebaut werden, „wie wir denn eben fast alle diese Apparatestücke für die Baierisch-Sächsische Eisenbahn-Werkstätte nach Leipzig, auch einige derselben für die Leipzig-Dresdner Eisenbahn da selbst geliefert haben".
Werkzeugmaschinen wurden zwar nach Liste und zu gleichen Preisen angeboten, jedoch gab es keineswegs eine Serienproduktion, die vom Lager verkauft wurde. Alle anderen Erzeugnisse waren ausschließlich Maßanfertigung für den Einzelfall. Und gerade die Einzelteile, die bis zur letzten Schraube in den Rechnungen Stück für Stück aufgeführt sind, hatten einen erheblichen Anteil auch an einer Großbestellung. So erhielt die Düsseldorfer Dampfschneidemühle und Holzhandlung J. W. Hüllstrung & Söhne im Mai 1861 eine neue Sägewerkseinrichtung. Der Dampfkessel war offenbar vorhanden. Die Dampfmaschine, „von 30 Pferdekraft, Horizontal-System, variabler Expansion", der Speisewasservorwärmer, „von Eisenblech mit schmiedeeisernen Siederohren", die Dampfspeisepumpe und eine Wasserpumpe kosteten 3 485 Taler, die Gesamtrechnung lautete über 9 440 Taler. Die anderen 240 Rechnungspositionen bezogen sich auf Teile für Kreis- und Gattersägen, Wellen, Lager, Antriebs-, Getriebe- und Schwungräder, Riemenscheiben und Befestigungsmaterial; für jede war das Gewicht einzeln ermittelt und der Preis nach Standardpreisen, die je nach Material und Bearbeitungsaufwand zwischen 7 Pfennig für Gußeisen und 25 Silbergroschen für Lagersitze aus Buntmetall pro Pfund schwankten, ausgerechnet worden. Die Fertigungslöhne waren in diesen Standardpreisen bereits enthalten.
Der Jahreslohn eines Fabrikarbeiters lag um diese Zeit in Kassel zwischen 100 und 200 Talern; ein Kupferschmied oder ein Drechsler, der wahrscheinlich in der Modellmacherei der Gießerei tätig war, verdiente etwa ein Viertel mehr als ein Schlosser. Wer als Arbeiter für Verpflegung selbst zu sorgen hatte, mußte dafür etwa 80 Taler im Jahr aufwenden. Auf Tageslohn und Mark umgerechnet erhielt ein Werkmeister im Durchschnitt 3 M, ein Schlosser 1,75 M, ein Tagelöhner 0,80 M. Ein Pfund Kartoffeln kostete 0,05 M, drei Eier 0,11 M, ein Pfund Kalbfleisch 0,45 M. Schweinefleisch war, weil nahrhafter, mit 0,78 M erheblich teurer, und ein Pfund Butter mit 1,82 M nahezu unerschwinglich.
Nicht nur Neuanlagen, sondern auch Umbauten und Reparaturen nahm Henschel in Auftrag. Für den Hoerder Bergwerks- und Hüttenverein wurde 1857/58 eine 150-PS-Dampfmaschine in eine „Gebläsemaschine" umgebaut, was immerhin 10 000 Taler kostete. Zehn Jahre später baute Henschel für das gleiche Hüttenwerk eine Zylinder-Gebläsemaschine mit einem Zylinderdurchmesser von 3 m, die die technische Welt in Erstaunen versetzte. Aber

Zylinder für eine Hochofen-Gebläsemaschine, Durchmesser 3 Meter. 1868

derart große Aufträge waren selten, und die Gießerei hatte nicht nur Maschinenteile und Glocken herzustellen, sondern auch Grabgitter, Kirchturmkreuze, einen Löwen „in ein Hoheits-Grenzstein" und auch die „Gedächtnistafel für die Schillerlinde in Wildungen" zum Preise von 2⅔ Talern. Das Alltagsgeschäft umfaßte ebenso den Verkauf von Werkzeugen, gußeisernen Gartenmöbeln und – in erstaunlich großen Stückzahlen – Bügeleisen, von denen das schwerste, ausdrücklich als Schneiderbügeleisen bezeichnet, 10½ Pfund wog. Unter den Bestellern dieser Artikel finden sich Pfarrer, Regierungsräte, Baudirektoren, Offiziere, ein Stadtgerichts-Aktuar, Bierbrauer, Drechslermeister, Schreinermeister, Bürgermeister, Laternenanzünder, Mühlenbesitzer, Gürtlermeister, Kupferschmiedemeister, die meisten aus Kassel und den Gemeinden des Kurfürstentums. Daß ein Zahnarzt fast jeden Monat ein

„Zahngebiß für 20 Silbergroschen das Paar" gießen ließ, dürfte wohl in den Geschäftsbüchern selbst von reinen Gießereien selten zu finden sein.
Das Unternehmen erfüllte auch lokale und regionale Versorgungsfunktionen, die über die eigentliche Aufgabe einer Gießerei und Maschinenfabrik weit hinausgingen. So wurden Kopiertinte und Zeichenkarton, Braunkohle und Holzkohle (besonders in den Wintermonaten und oft an Mitarbeiter), „ordinaire" und Kernseife, Lack und Terpentinöl in kleinen Mengen verkauft. Daß mit Lampenzylindern und -dochten gehandelt wurde, ist erklärlich, weil nach wie vor auch Lampen hergestellt wurden. Aber warum in einem Monat allein 300 Pfund Java-Kaffee, das Pfund zu 8¾ Silbergroschen, abgegeben wurden, und ob man für den Gegenwert von 87 Talern eine kleine Dampfmaschine nach Hinterindien geliefert hat, ist aus dem Kommissionsbuch leider nicht zu ersehen. Der Wert eines Pfundes Kaffee lag etwa in der Höhe eines halben Tageslohns, der im Durchschnitt mit 16 Silbergroschen in Rechnung gestellt wurde, jedoch schwankte die Lohnspanne je nach Tätigkeit zwischen 10 und 25 Silbergroschen.
In einem Fall läßt sich deutlich erkennen, daß ein Unternehmen wie Henschel auch technische Produkte im weiteren Umfeld einführen konnte. Ab März 1860 wurde das knapp 20 Jahre zuvor nach Europa erstmals importierte Guttapercha als elastisches Dichtungsmittel für den eigenen Kessel-, Pumpen- und Dampfmaschinenbau verwendet und außerdem pfundweise an die Handwerker aus Kassel und Umgebung verkauft. Nach einiger Zeit finden sich diese Eintragungen nicht mehr. Wahrscheinlich hat ein Händler die Verteilerfunktion übernommen, nachdem der Bedarf geweckt war. Ob eine andere Fabrik, die Guttapercha schon seit Anfang der fünfziger Jahre in Kassel verarbeitete, Henschel in diesem Handelsgeschäft „Konkurrenz" machte, wird kaum noch festzustellen sein.
Zeitungen hat Henschel allerdings nicht verkauft. Es ist nur ein Beweis äußerster Korrektheit und Sparsamkeit, wenn

Firmenbriefkopf. Um 1870

dem Schwager von Carl Anton Henschel, General Gerland, als „Antheilsvergütung für Mitlesen der Nordeutschen Zeitung" pro Quartal 22 Silbergroschen und 6 Pfennig berechnet wurden, was genau die Hälfte des Abonnementspreises ausmachte, und auch das „Neujahrsgeschenk für den Zeitungsträger" in Höhe von 10 Silbergroschen geteilt wurde.
Für einige andere Kasseler Großunternehmen scheint Henschel der zentrale Reparaturbetrieb gewesen zu sein. Die Freiherr von Waitz'sche Bergwerksverwaltung am Hirschberg und die Möncheberger Gewerkschaft, die zu dieser Zeit schon nicht mehr im Besitz der Familie Henschel war, konnten Ersatzteile, Verbrauchsmaterial und auch Handwerker offensichtlich ohne Angebot und Auftragsbestätigung anfordern. Abgerechnet wurde nur alle sechs Monate. Leider ist nicht bekannt, auf welcher Grundlage diese Art der Arbeitsteilung zustande gekommen ist.
Wenn auch Carl Anton Oskar Henschel ab 1865 das Produktionsprogramm vornehmlich auf Lokomotiven konzentrierte und andere Fertigungen nur nebenbei betrieb, verstand sich das Unternehmen doch noch lange nicht ausschließlich als Lokomotivfabrik. Obgleich schon über 70 Lokomotiven abgeliefert worden waren, stellte Henschel auf der Internationalen Ausstellung 1862 in London nicht in der Gruppe „Eisenbahnwesen", sondern in der Gruppe „Allgemeiner Maschinenbau" aus, und zwar den Henschelschen Röhrendampfkessel und eine Dampfmaschine, wofür es dann auch eine Medaille gab. Im Gegensatz zu Henschel hatten die schärfsten deutschen Lokomotivkonkurrenten Borsig und R. Hartmann Lokomotiven nach England, in das Ursprungsland der Eisenbahntechnik, gebracht.
Zur Ablieferung der Lokomotive Nr. 100 widmeten die Arbeiter „ihrem verehrten Principal Oscar Henschel" ein Gedenkblatt, dessen Kopf zwar die Jubiläumslokomotive zeigt, aber der Weinstock, der das Porträt und das Sinngedicht umrahmt, rankt sich zwischen Werkzeugmaschinen, Pumpen, Glocken und Werkzeugen hindurch. Auf einem Henschel-Briefkopf von 1870 stehen „Hobelmaschine Nr. 1" und Lokomotive als Bilder untereinander und die Firmenbezeichnung spricht nur von „Maschinenfabrik". Selbst 1883, als Henschel bereits zu den größten Lokomotivfabriken Deutschlands zählte, zeigte man auf der Internationalen Kolonialausstellung zu Amsterdam neben einer Dampf-Straßenbahnlokomotive immer noch eine Werkzeugmaschine.
Auch höheren Orts sah man die Henschelei weiterhin als Maschinenfabrik. So berichtet 1876 der Königliche Polizei-Direktor in Kassel: „Die Henschel'sche Maschinenfabrik ist das weitaus bedeutendste hiesige industrielle Etablissement, die Solidität desselben und die Fürsorge des Inhabers für seine Arbeiter sind so allgemein anerkannt, daß ihr steigender resp. fallender Betrieb so zu sagen der

Gradmesser für die Prosperität aller hiesigen industriellen und gewerblichen Thätigkeit ist."
Obwohl in diesen Jahren der Lokomotivumsatz 85 bis 90% des Gesamtumsatzes ausmachte, behauptete der Maschinenbau seine Position. Hauptabnehmer für Leitspindeldrehbänke, Hobel- und Fräsmaschinen, Bohrbänke, „Doppelschäpingmaschinen"*) und Nutenstoßmaschinen waren die Werkstätten der Eisenbahn- bzw. Straßenbahngesellschaften. Daß die ca. 500 Werkzeugmaschinen, die 1873 bei Henschel in Betrieb waren, wohl weitgehend aus eigener Fertigung stammten, darf angenommen werden.
Auch die Schwerindustrie blieb weiterhin im Kundenbuch zu finden: Das Röhrenwalzwerk J. P. Piedboeuf & Co. in Düsseldorf erhielt eine Blechkanten-Hobelmaschine mit einer Hobellänge von 5,4 m „mit Wendestahl zum Vor-

Stoßmaschine. Baujahr 1882

*) Aus dem Englischen: to shape = formen; gemeint ist wahrscheinlich eine Doppelhobelmaschine.

und Rückwärtshobeln", und die Firma Thyssen & Co. in Mülheim (Ruhr), Stammunternehmen der heutigen Muttergesellschaft von Henschel, bestellte eine Support-Drehbank zum Lang- und Plandrehen sowie eine Stoßmaschine mit Rädervorgelege. Während im allgemeinen nur gelegentlich an Handelsfirmen Provisionen gezahlt wurden, bekam Thyssen einen Nachlaß von 500 Mark auf den Gesamtbetrag von 5 415 Mark eingeräumt.
Einen recht umfangreichen Anteil an der Produktion nahmen eine Zeit lang „Zupfmaschinen" zur Aufbereitung von Tierhaaren ein, die in Stückzahlen zwischen 10 und 20 pro Monat verkauft wurden. Abnehmer waren Sattler, Tischlermeister, Möbelhersteller, Tapezierer, aber auch verschiedene Garnisonverwaltungen und die Irrenanstalt Heppenheim. Mit solchen Maschinen wurde nicht nur in Deutschland Tierhaar gezupft; sie gingen nach Amsterdam, Wien, Luzern und sogar nach Moskau.
Der Dampfkessel- und Dampfmaschinenbau war fast ganz eingestellt worden. Die Lieferung eines Kessels für die Hessische Actien-Bierbrauerei in Kassel zählt zu den Ausnahmen. Mit einem Preis von 12 800 Mark kostete er fast so viel wie eine Dampflokomotive für die Cassel Tramways Co., die als erste in Deutschland ab 1878 Passagiere mit Dampfkraft von Kassel zur Wilhelmshöhe beförderte.
Aber Reparaturen wurden nach wie vor durchgeführt. Als die Stadt Kassel eine Lokomobile umsetzen ließ, leistete Henschel „Hand- und Spanndienste", die allerdings bezahlt wurden. Aus der Rechnung erfahren wir einzelne Stundensätze für Arbeiter. Kesselschmied und Monteur kosteten je Stunde 0,75 M, ein „Handarbeiter" 0,30 M. „Für 2 Pferde mit Geschirren und 1 Knecht" wurde 1,66 M in Rechnung gestellt. Für einen Lokomotiv-Monteur wurden in Deutschland 8 M pro Tag berechnet, während als Auslösung für Budapest 2 M mehr zu zahlen waren. Als die Stadt Warburg jedoch ihre Wasserversorgung ändern lassen wollte, kam für „Inaugenscheinnahme und schriftliche Begutachtung" ein Tagessatz von 30 M in Ansatz.
Henschels Ansehen als Maschinenfabrik war nach wie vor groß. Anderenfalls hätte der Bochumer Verein 1887 nicht erneut „2 horizontale Fraißmaschinen zur Bearbeitung von Herzstücken [von Gleiskreuzungen und -weichen] übereinstimmend mit den im Jahre 1871 gelieferten Maschinen" bestellt, die dann aber nicht nach Bochum, sondern an die SA Metallurgica Tardy & Benech, Savone, auszuliefern waren, an der der Bochumer Verein gerade eine Drittel-Beteiligung erworben hatte.
Am Ende des Jahrhunderts wurde wieder darauf hingewiesen, daß dem Bau stehender Dampf-Verbundmaschinen „besonderes Augenmerk" gewidmet werde. Sie dienten u. a. zum Antrieb von Generatoren, die den Strom für jene neue Generation von Antriebsmaschinen erzeugten, die die kleineren Dampfmaschinen bald völlig verdrängen sollten. So liefen in der 1896 in Betrieb genommenen Kesselschmiede in Rothenditmold bereits 22 Elektromotoren

mit Leistungen zwischen 3,5 und 30 PS. Es mag sein, daß mit der geplanten, aber nicht wirksam gewordenen Wiederaufnahme des Baus von stationären Großdampfmaschinen dem Vordringen des Gasmotors entgegengetreten werden sollte, der zu dieser Zeit als Antrieb von Generatoren und Kompressoren den Dampfantrieb mit Erfolg verdrängte.

Ein metallverarbeitender Betrieb von der Größenordnung Henschels hatte ein erhebliches Schrottaufkommen. Monatlich wurden zwischen 50 und 100 Tonnen Späne an Hüttenwerke oder Schrotthändler versandt, sauber sortiert in „schmiedeeiserne" und „Stahlspäne". Sie wurden 1866 für 35 Mark je Tonne verkauft, für schmiedeeiserne gab es 6 Mark weniger. Gußeisen-Späne gingen wohl wieder in die eigene Gießerei zurück. In den Kesselhäusern der beiden Werke entstanden große Mengen Koksschlacke, die an Bauunternehmer und Gärtner zum Preis von 4 bis 6 Mark je Fuhre (je nach Entfernung) abgegeben wurden. Gärtner durften sich auch den Mist von den sechs Pferden abholen, die das innerbetriebliche Transportwesen versahen. Je Monat und Pferd waren dafür 2,50 M zugunsten des Fuhr- und Geschirrkontos zu zahlen.

Die Lieferung von einzelnen Guß- und Maschinenteilen an Handwerk, Industrie und öffentliche Einrichtungen hatten auch in der Blütezeit der Lokomotivproduktion nicht völlig aufgehört. Die Städtische Gasanstalt konnte nicht nur gegen Entgelt das Henschelsche Anschlußgleis benutzen, sondern wurde auch mit Ersatzteilen versorgt. Das Gewerbe bezog Roststäbe, Schrauben, Konsolen und Räder meist als Einzelteile; auch ein Stück Stahl oder eine Tafel Blech wurden abgegeben. Aber eine Verteilerfunktion wie vor dreißig Jahren war jetzt doch nicht mehr vorhanden. Nur noch die Mitarbeiter erhielten Kohlen, ein Stück Rohr, Holzleisten oder eine Fensterscheibe. Sparsamkeit und Korrektheit galten nach wie vor: Wenn Direktor A. Schäfer alte Zeitungen mit nach Hause nahm, wurde sein Vorschußkonto mit einer halben Mark belastet.

Die Maschinenbautradition blieb immer lebendig. Auf sie stützte man sich auch in den Aufbaujahren nach dem Ersten Weltkrieg, als man die Betriebe mit Auftragsfertigungen beschäftigen mußte. Damals wurde z. B. für die Nurka GmbH in Kassel die Fertigung von Automaten für die Herstellung von Schrauben und Muttern übernommen. Als dann die große Rezession Ende der zwanziger Jahre überwunden war, blieb neben dem Lokomotivbau, dem Lastkraftwagenbau und der ab 1933 einsetzenden Panzerfertigung für kleinere Programme praktisch wieder kein Raum mehr. Nur für den eigenen Bedarf wurden weiterhin Spezialmaschinen entwickelt und gebaut. In der Kriegs- und Nachkriegszeit waren dann die Maschinenbau-Erfahrungen von Konstruktionsbüro und Werkstätten im wahrsten Sinne des Wortes unbezahlbar.

Es war auch ein Spezialprodukt des Maschinenbaus, das nach Kriegsende finanziell den ersten Schritt zum Neuanfang möglich machte, wenn auch der Zufall dabei eine große Rolle gespielt hat. In den dreißiger Jahren entstand im Zusammenhang mit der Entwicklung von Dampferzeugern für Straßenfahrzeuge eine ganz neue Pumpenkonstruktion, die ab 1939 auch als Einspritzpumpe für Strahltriebwerke Verwendung fand. 1944 wurde diese Pumpe in einen Rohstoff- und Lizenzvertrag zwischen dem Deutschen Reich und dem Kaiserreich Japan einbezogen. Im Februar 1945 erhielt die japanische Botschaft in Berlin die entsprechenden Unterlagen ausgehändigt. Eines der letzten U-Boote, das deutsche Häfen anlaufen konnte, brachte im März eine Vergütung in Höhe von 5 Mio. RM in bar von Tokio nach Warnemünde. Und im Juni 1945 erkundigte sich eine Hamburger Bank bei dem dortigen Henschel-Vertreter, was denn mit den großen Geldbeträgen geschehen sollte, die bei ihr gutgeschrieben worden seien. Diese 5 Millionen spielten dann in den ersten Wochen des Neubeginns eine wichtige Rolle, da die Bankkonten der Firma ja „eingefroren" waren und mit diesem Geld wenigstens Löhne gezahlt werden konnten.

Wenn man 1946 als Lizenzfertigung Holzbearbeitungsmaschinen in das Programm aufnahm, so war das ausschließlich aus den Verhältnissen der Zeit zu erklären. Es wurde eben zunächst alles gebaut, womit man den noch vorhandenen intakten Maschinenpark ausnutzen konnte, was die Materialverhältnisse erlaubten, und was am notwendigsten gebraucht wurde.

In jener Zeit mußte das Unternehmen erneut Beschaffungs- und Verteilungsaufgaben übernehmen, die weit über das hinausgingen, was sich vor rund 100 Jahren schon einmal, unter ganz anderen Voraussetzungen, abgespielt hatte. Um Material zu bekommen, mußte den Lieferanten entsprechendes Vormaterial „beigestellt" werden, vom begehrten Karbid zur Schweißgasherstellung über Stahl und Eisen bis zum Verpackungsmaterial für Öle, Farben und Lacke. Für die Belegschaft wurden im „Kompensationsgeschäft" Gebrauchsgegenstände „organisiert", um die Lebensverhältnisse des einzelnen Mitarbeiters und seiner Familie zu verbessern. Auf dem Beschaffungsprogramm standen so produktions-unspezifische Dinge wie Betten, Herde, Fahrradteile, Rasierklingen und Frühstücksdosen – Gegenstände, die der „Normalverbraucher" im Einzelhandel weder für Geld noch für gute Worte „ergattern" konnte. Zu Weihnachten 1947 wurden allein für 70 000 RM Geschenke für die Kinder von Werksangehörigen beschafft. Darüber hinaus wurde eine Sonderwerkstatt zur Reparatur von Haushaltsgeräten eingerichtet, die für Werksangehörige Tauchsieder, Bügeleisen, Stehlampen, Kochplatten und ähnliches instand setzte. In gut zwölf Monaten wurden 3 200 derartige Aufträge durchgeführt.

Die Fertigung von Holzbearbeitungsmaschinen lief 1948 aus. Im gleichen Jahr nahm man die Fertigung von Werkzeugmaschinen aus dem Programm der bedeutenden

Maschinenfabrik Wanderer-Werke AG auf, die inzwischen aus Sachsen nach München übergesiedelt war. Parallel dazu entstand der Gedanke, standardisierte Aufbaueinheiten für Werkzeugmaschinen zu konstruieren, damit die Fertigung wirtschaftlicher, die Anwendung jedoch vielseitiger wurde. Gleichzeitig wurde begonnen, den eigenen veralteten Maschinenpark zu modernisieren. Im Rahmen eines fest umrissenen Programms wurden Baugruppen konstruiert, die mit den vorhandenen Maschinen kombiniert werden konnten. 1955 lief die Produktion von Henschel-Aufbau-Einheiten für Werkzeugmaschinen planmäßig an. Aus den einzelnen Aggregaten wie Maschinenbetten, Schlitten, Spindeln, Antriebs- und Vorschubeinheiten konnte man spanende Maschinen auch für unkonventionelle Bearbeitungsaufgaben schnell und zu günstigen Preisen liefern. Daraus entwickelte sich ab 1959 ein Programm für Transferstraßen, mit denen Großserien, besonders für die Automobil- und die Armaturenindustrie, spanend bearbeitet werden konnten. In Verbindung damit wurden Einzel-Montagemaschinen für die gleichen Industriezweige gebaut. In nur acht Jahren konnten 15 Transferstraßen und zwölf Einzel-Montagemaschinen verkauft werden. Nach dem Erwerb der Karl Hüller GmbH durch die Rheinstahl AG wurde der Rheinstahl-Werkzeugmaschinenbau in Ludwigsburg und in Witten konzentriert. Das Henschel-Werkzeugmaschinenprogramm lief aus.
An den Bau von Flugmotoren war in den ersten Jahren nach dem Krieg natürlich nicht zu denken. Eine der neuen Aktivitäten des Werks Altenbauna war der Bau von Rührwerken und Mischern für die chemische Industrie. Nach der Verlagerung des Programms entstand daraus im Werk Rothenditmold die heutige Tätigkeit auf dem Gebiet der Mischer und Grundstoff-Aufbereitungsanlagen für die Kunststoff- und Gummiverarbeitung. Das dort bestehende Technikum erlaubt es, mit dem Kunden gemeinsam Konzeptionen für die spezifische Aufgabe zu entwickeln.
Die Einrichtungen des Werks Rothenditmold ermöglichten auch den Bau schwerster Maschinen. Nach dem Besitzwechsel im Jahre 1957 wurde der Schwermaschinenbau zu einem neuen großen Produktionszweig entwickelt. Zunächst nur als „verlängerte Werkbank" arbeitend, kam es nach der Zusammenarbeit zwischen E. W. Bliss und Henschel zu größeren Aufträgen. So wurden 1960 eine schwere Walzendrehbank für ein argentinisches Walzwerk und 1961 eine Dressierstraße für ein brasilianisches Kaltwalzwerk nach Zeichnungen von Bliss geliefert. Aus den Erfahrungen mit dem Bau von Maschinen für Hüttenwerke entwickelte sich das heutige Programm der Schrottaufbereitungsanlagen, zunächst auch wiederum auf Lizenzbasis. Inzwischen stehen als Beitrag zum Recycling und zum Umweltschutz Schrottscheren, -pressen, -mühlen sowie Shredder als zum Teil patentierte Eigenentwicklungen zur Verfügung. Daß man auf diesem jungen Tätigkeitsfeld ganz neue Wege gehen kann, beweist das Projekt einer schwimmenden Schrottaufbereitungsanlage. Sie arbeitet vor den Küstenländern, in denen das Schrottaufkommen die Installation einer ortsfesten Anlage noch nicht lohnenswert macht, der Transport von unaufbereitetem Schrott über weite Strecken oder über die Landesgrenzen aber unwirtschaftlich ist.
An die Tradition des Dampfkessel- und Dampflokomotivbaus knüpft die Dampferzeuger-Fertigung für den gewerblichen und industriellen Bereich an. „Großvater" der Entwicklung ist der Doble-Schnelldampferzeuger, für dessen Herstellung Henschel 1931 eine Lizenz erworben hatte. Nach 1945 entwickelte sich zunächst die Fertigung statio-

Heiz-Kühlmischer-Kombination

Schrottscherenfertigung

närer Dampferzeuger für den gewerblichen und industriellen Bereich. Heute umfaßt das Programm Dampfkessel und Großwasserraumkessel mit eingebauter Wärmerückgewinnung sowie Thermoölkessel.
Im Jahre 1960 wurde der Grundstein für das erste Versuchs-Kernkraftwerk der Bundesrepublik Deutschland in Kahl am Main gelegt. Gleichzeitig begann man im Werk Rothenditmold mit der Entwicklung von Maschinen und Vorrichtungen zur Ver- und Entsorgung derartiger Kraftwerke. Der erste Auftrag für Kahl umfaßte den Reaktorspeisewasser- und den Sperrwasserbehälter, die Brennelemente-Wechselflasche und den zugehörigen Flaschen-Transportwagen. Seitdem sind zahlreiche Einzelkonstruktionen entstanden, die Betrieb und Wartung von Kernkraftwerken im In- und Ausland ermöglichen.
Mit dem Erwerb der heutigen Herbert Maschinen und Anlagen GmbH im Jahre 1975 wurde im Werk Rothenditmold ein weiterer neuer Produktionsbereich angesiedelt. Es handelt sich um Maschinen und Anlagen für die Reifenindustrie. Das Herbert-Programm umfaßt Reifenherstellungs- und Reifenerneuerungsmaschinen.
Die Notwendigkeit, für die verschiedenen Programme im Bereich Maschinen- und Anlagentechnik des Werks Rothenditmold Regel- und Steuereinrichtungen verfügbar zu haben, führte zur Gründung der Automation und Steuerungstechnik GmbH. Sie entwickelt und baut elektrische, hydraulische und pneumatische Schaltungen und Regeleinrichtungen für die unterschiedlichsten Aufgaben. Als eigenständiges Produkt ist, zunächst auf der Basis einer Lizenzfertigung, ein Manipulator entstanden, der als „verlängerter Arm“ die Handhabung schwerer, heißer oder gefährlicher Stücke ausführt.

In vielen Fällen bestehen große Ähnlichkeiten zwischen Einzelproblemen der im Werk Rothenditmold tätigen Bereiche der Maschinen- und Anlagentechnik, die ursprünglich nichts miteinander zu tun haben. Trotz aller Unterschiedlichkeit im einzelnen benötigen die Produkte und Anwendungsbereiche Antriebe, Transporteinrichtungen, Steuerungen, Regelsysteme und vielleicht auch ähnliche Vorrichtungen für ihre Herstellung. Um das Know-how der einzelnen Produktgruppen für jede andere zugänglich zu machen, wurde der Bereich Industrieautomatisation gegründet. Dieser Wissens- und Erfahrungspool sammelt und vermittelt die Kenntnisse, die unabhängig voneinander bei Planung, Herstellung, Montage und Inbetriebnahme entstanden sind. Wer weiß, ob die Industrieautomation nicht vielleicht auch noch Erfahrungen von Georg Christian Carl Henschel verwenden könnte, sofern Modell oder Zeichnungen seines Bleiwalzwerks erhalten geblieben wären?

Schweißarbeiten an einem Dampfkessel

Montagearbeiten in einem Siedewasserreaktor der Kraftwerk Union AG

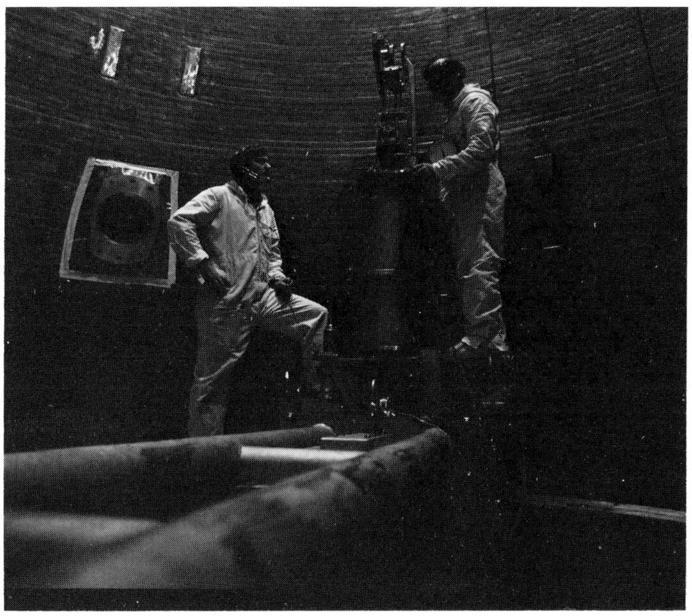

Vom „Drache“ zum ICE
Ein Beitrag zur Verkehrstechnik: 1848–1985

Zur Zeit von Carl Anton Henschel bedeutete die Konstruktion von Dampfmaschinen eine Herausforderung an alle Ingenieure, die nur noch durch die Entwicklung von fahrbaren Dampfmaschinen, also Lokomotiven, zu übertreffen war. Schon vor dem preußischen Politiker und Industriellen Friedrich Harkort und vor dem schwäbischen Nationalökonomen Friedrich List hatte Henschel mit Programmen und Vorschlägen zur Verwirklichung des Eisenbahnbaus in Deutschland beigetragen. Ebenso wie die theoretischen Betrachtungen mußte ihn als Techniker und Unternehmer aber auch der Bau von Lokomotiven in seiner Dampfmaschinenfabrik reizen. Doch im biedermeierlichen Deutschland fanden sich für derartige friedlich-revolutionäre Ideen nur nach und nach Mitkämpfer. Die meisten, die „etwas zu sagen“ hatten, waren dagegen. Noch 1843 beklagte der Senior einer Nebenlinie des Hauses Hessen-Kassel, daß er für das Vergnügen, täglich einen Wagenzug vorübereilen zu sehen, einen Zinsverlust von jährlich wenigstens 150 Talern erleide, weil er durch das Verlegen der Eisenbahn 40 bis 50 Acker (rd. 10 bis 12 ha) des allerbesten Bodens verlieren würde.
Trotz aller Eingaben und Denkschriften begann erst 1835 mit der Eisenbahn Nürnberg-Fürth eine eigene Entwicklung in Deutschland. Von einigen kurzlebigen Versuchen anderer Maschinenfabriken abgesehen, begann der deutsche Lokomotivbau in der von August Borsig 1837 in Berlin gegründeten Fabrik. Seine erste Lokomotive lieferte er 1841 an die Berlin-Anhaltische Eisenbahn ab. Bevor sich Borsig selbständig machte, hatte er das Zimmerhandwerk gelernt, das Königliche Gewerbe-Institut in Berlin besucht und bei der damals bedeutenden Eisengießerei und Maschinenfabrik F. A. J. Egells in Berlin schnell Karriere gemacht. In seiner eigenen Gießerei, die er mit 8 500 Talern eigenem Kapital und 59 000 Talern geliehenem Geld eröffnet hatte, stellte er zunächst fast ausschließlich Material für den Bau von Gleiswegen her. Nach einem Jahr Selbständigkeit beschäftigte Borsig bereits 100 Leute. Das Unternehmen, das auch Dampf- und Werkzeugmaschinen sowie Guß- und Schmiedestücke aller Art auf Bestellung lieferte, wuchs sehr schnell. Um 1875 galt Borsig neben Baldwin in USA als größte Lokomotivfabrik der Welt, verlor diesen Rang allerdings, als eine Nachlaßverwaltung nach dem Tode von Borsigs einzigem Sohn für einige Jahre den Lokomotivbau fast völlig einstellte.
Gründete sich die Entwicklung der Borsigschen Lokomotivfabrik wie die von Henschel auf handwerkliche Tradition, war die Voraussetzung für die Eisen-Gießerey und Maschinen-Fabrik von Georg Egestorff zu Linden vor Hannover nur entfernt ähnlich. Zwar hatte der Gründer, wie schon sein Vater, das Böttcher-Handwerk gelernt. Als der Senior aber nach und nach eine Kalkbrennerei, eine Ziegelei und Steinbrüche kaufte und mit dem Baustoffhandel erfolgreicher wurde als mit dem Faßbinden, vertauschte auch der Sohn die Werkstatt mit dem Büro und machte sich bald selbständig: Er gründete eine Zuckerraffinerie, später eine Saline, dann im Jahre 1835 die Gießerei und Maschinenfabrik, aus der die spätere Hanomag entstand, baute eine chemische Fabrik, eine Farbenfabrik und schließlich auch noch eine Zündhütchenfabrik.
Die erste Lokomotive von Egestorff kam 1846 in Dienst. Unmittelbar anschließend wurde mit dem Bau von sieben weiteren Maschinen auf eigene Rechnung begonnen, für die er dann aber sofort einen Abnehmer fand. Um diese Zeit veranschlagte Egestorff den Wert des Unternehmens, das er fast ausschließlich aus Eigenmitteln finanziert hatte, auf 72 000 Taler. Als er 1868 starb, war aus dem Böttcherlehrling der größte Industrielle der Provinz Hannover geworden. Die Maschinenfabrik wurde vom Eisenbahnkönig Henry Bethel Strousberg gekauft und zu einer reinen Lokomotivfabrik mit einer Kapazität von 300 Lokomotiven im Jahr umgewandelt. Mit dem Strousberg-Konkurs 1875 und der Gründerkrise kam das Unternehmen zum ersten Mal in ernsthafte Schwierigkeiten. In der großen Rezession 1929/31 gab die Hanomag den Lokomotivbau auf und verkaufte die Erfahrungen aus dem Bau von mehr als 10 000 Hanomag-Lokomotiven an Henschel.
Ebenso wie Egestorff den Lokomotivbau zum Anlaß einer unternehmerischen Betätigung nahm, handelte Joseph Anton Ritter und Edler von Maffei. Er setzte sich früh für den Bau einer Bahnverbindung zwischen München und Augsburg ein und wurde 1837 zum Vorstand der München-Augsburger Eisenbahngesellschaft gewählt. Kurz darauf erwarb er ein kleines Eisenwerk im Norden Münchens und baute mit Hilfe von zwei Engländern die erste Lokomotive in Bayern. Von den allgemeinen Krisen abgesehen, entwickelte sich das Unternehmen stetig aufwärts. Im Januar 1929 kam es zu einer Verbindung zwischen den Lokomotivfabriken von Maffei und Henschel, um den inzwischen erforderlich gewordenen Konzentrationsprozeß in der deutschen Lokomotivindustrie zu fördern. Jedoch war der nach dem Muster anderer Industriezusammenschlüsse gegründeten Interessengemeinschaft nur ein knappes Lebensjahr beschieden. Zwei Jahre später ging Maffei mit der bisherigen Konkurrenz in München, der Lokomotivfabrik Krauss & Co., zusammen. Daraus ist die heutige Krauss Maffei AG entstanden.
Carl Anton Henschel sah wohl deutlich, daß Maschinenfabriken mit dem Lokomotivbau Erfolg haben konnten. Doch verhinderten die politischen Verhältnisse in Kurhessen, daß Henschel, der sich persönlich schon so früh für die Eisenbahnen eingesetzt hatte, auch in seiner Fabrik bald mit dem Lokomotivbau beginnen konnte. Daß er den Lokomotivbau aufnehmen und fördern wollte, wird zum ersten Mal 1843 in einer Eingabe an den Handels- und Gewerbeverein zu Darmstadt deutlich. Damals schrieb er: „Wie natürlich ist nun auch unser Augenmerk auf den Bau von Lokomotiven gerichtet, wobei wir zwar den Anforderungen der geehrten Besteller pünktlich nachkommen

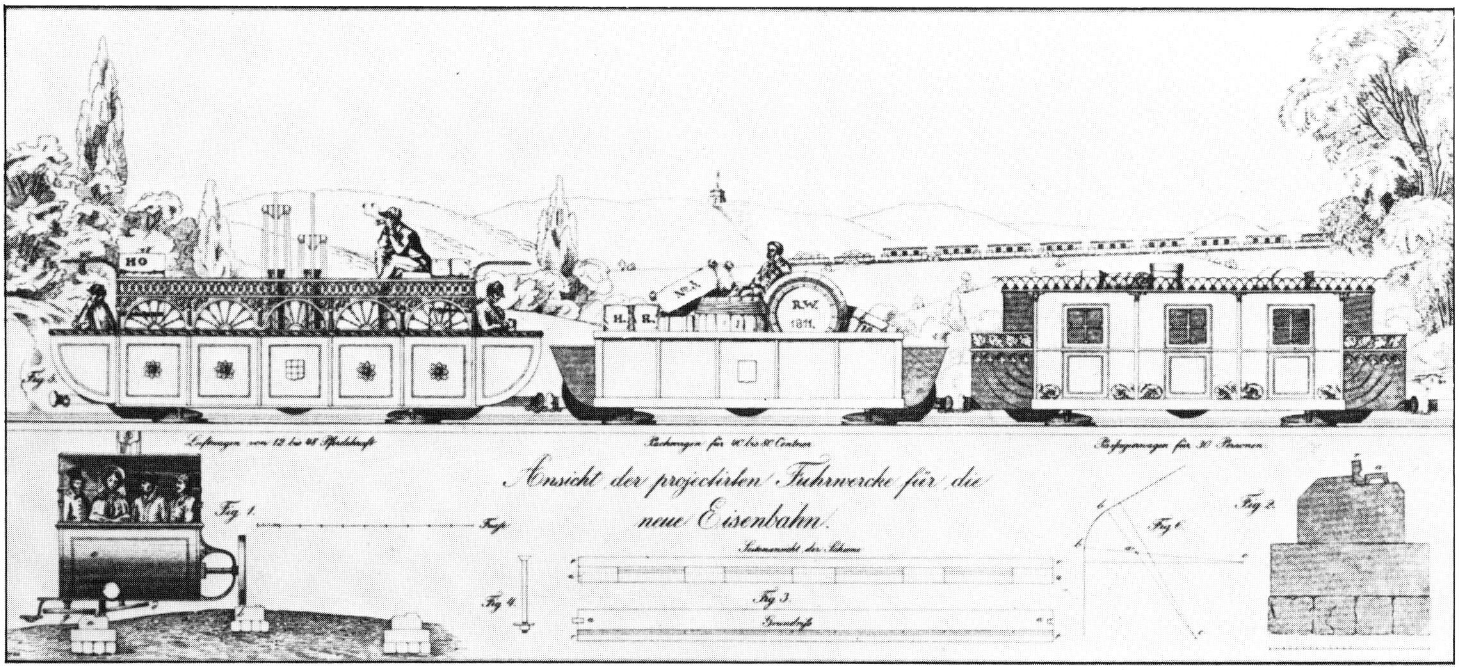

Vorschlag einer Einschienenbahn mit Druckluftlokomotive von C. A. Henschel. 1833

Lokomotive Fabrik-Nr. 1 „Drache". Geliefert 1848

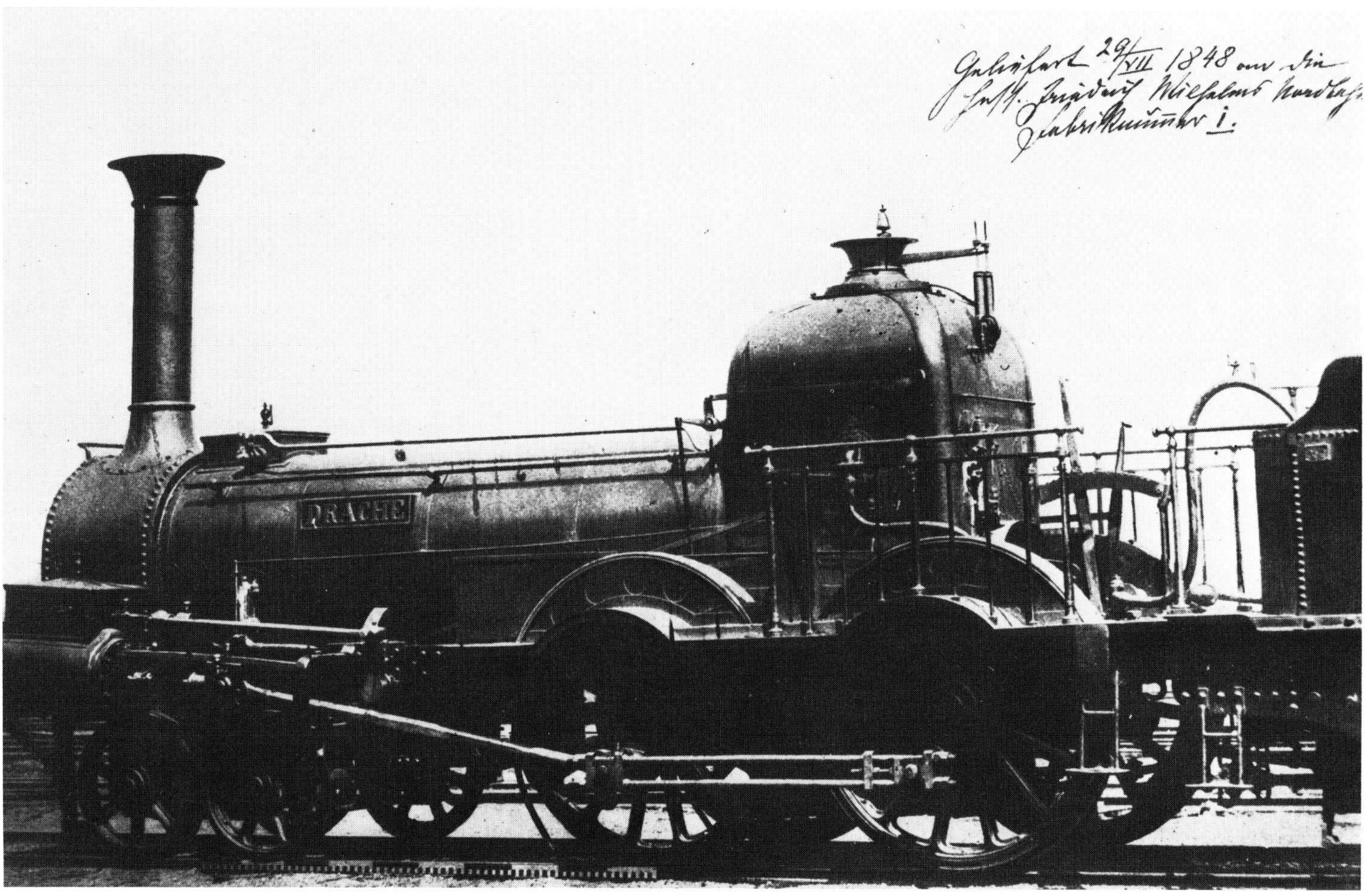

müssen, jedoch den Wunsch nicht unterdrücken können, daß uns irgend eine Bahn-Direktion einmal das Vertrauen schenken möchte, nach unsern eigenen Prinzipien verfahren zu dürfen, die dahin streben, nicht nur überhaupt den enormen Verbrauch meist ausländischen Coaks zu beschränken, sondern auch geringere Brennmaterialien zur Anwendung bringen zu können. Der gute Erfolg ist wenigstens nicht unwahrscheinlich, sowie auch unser Vorschlag der Anwendung comprimirter Luft statt des Dampfes vom Jahr 1833 eine Widerlegung noch nicht gefunden hat. Wir würden Beides nach zuvor diskutirtem und genehmigtem Plane unter Kontrolle bearbeiten, und mit den Versuchen nur jedes Mal in dem Grade, wie sich die Wahrscheinlichkeit des Gelingens bestätigt, vorschreiten, so daß die demnächstigen größeren Aufgaben stufenweise ihre Begründung und Rechtfertigung erhielten."
Wahrscheinlich wollte Henschel mit diesem Brief das benachbarte Großherzogtum Hessen-Darmstadt, das 1842 zwar ein generelles Eisenbahngesetz erlassen hatte, in dessen Grenzen aber keine namhafte Maschinenfabrik tätig war, auf seine Veröffentlichungen und seine Firma hinweisen. Konkrete Anfragen blieben jedoch vorläufig noch aus.
In Kurhessen aber regte sich nun etwas. 1844 genehmigte der Prinzregent die Gründung einer Actiengesellschaft Kurfürst Friedrich-Wilhelms-Nordbahn, an der sich die Firma Henschel & Sohn durch Erwerb von Aktien beteiligte. Auch in der Fabrik richtete man sich auf den Eisenbahnbau ein. Im November 1845, unmittelbar nachdem Carl Anton in den Ruhestand getreten war, wurde der englische Ingenieur James Brook bei Henschel eingestellt. Im Laufe des Jahres waren bereits dem „Fabrik-Gerätschaften-Konto" 1 420 Taler für eine selbstgebaute Hobelmaschine und 150 Taler für einen neuen Gießereikran belastet worden. Ende Oktober 1846 wurden 1 125 Taler für gußeiserne Fensterrahmen, Blechschornsteine, gußeiserne Platten, Schrauben, Torbeschläge sowie diverse Holz- und Schreinerarbeiten „zum Lokomotivgebäude" belastet. Ganz offensichtlich rechnete man damit, einen Lokomotivauftrag zu bekommen.
Die erste Lieferung an die Friedrich-Wilhelms-Nordbahn erfolgte sogar schon im Dezember 1844. Sie bestand aus drei Henschelschen Lampen und zwölf Zylindern extra (Wert 19 Taler), wohl damit die Büros beleuchtet werden konnten. Im Mai 1845 ging es an den Streckenbau: Dafür lieferte Henschel als erstes ein Bohrgestänge, bestehend aus 21 Bohrstangen mit einer Gesamtlänge von 172½ Fuß, Wirbeln, Schlüsseln und Bohrern, für Löcher von einem Zoll Durchmesser, später auch Weichen und Kreuzungen. Für die Eisenbahn-Werkstätten gab es zunächst „6 gußstählerne Stempel F. W. N.", damit das Inventar auch ordentlich signiert werden konnte, dann Werkzeuge, „1 Handspritze" und schließlich eine kleine Spitzendrehbank mit 7 Zoll Spitzenhöhe und 5 Fuß Spitzenweite (160 Taler). Später wurden eine „transportable Schmiedeesse" notwendig (60 Taler) und für die „Lokomotiv-Remisen" zwei Blechschornsteine. In einer der Remisen war vielleicht der schon im März 1847 gelieferte Tender (1 950 Taler) untergebracht, der auf seine Lokomotive noch ein ganzes Jahr lang warten mußte.
Mit der Ablieferung der Fabrik-Nummer 1 „Drache" am 29. Juli 1848 zum Preis von 15 686 Talern an die Friedrich-Wilhelms-Nordbahn erhielt die Firma Henschel & Co ihre Weihe zur Lokomotivfabrik. Das Geschäft war anfangs nicht leicht, denn es bewarben sich bereits in jenem Jahr acht deutsche Lokomotivfabriken um Aufträge bei den einzelnen Eisenbahnverwaltungen im Reich. Zusätzlich versuchte natürlich die ausländische Konkurrenz, ihre älteren Erfahrungen auf dem jungen deutschen Eisenbahnmarkt zu Geld zu machen. Bis Ende 1845 hatten die deutschen Eisenbahngesellschaften 487 Lokomotiven gekauft, 237 aus England, 57 aus USA, 43 aus Belgien und 25 aus Frankreich. Nur ein knappes Viertel stammte aus deutscher Produktion.

„Drache" in Frontalansicht

Auch die Friedrich-Wilhelms-Nordbahn, die für Henschel doch sozusagen vor der Haustür lag, hatte zunächst je vier englische und amerikanische Maschinen und sechs weitere bei der Maschinenfabrik von Emil Kessler in Karlsruhe bestellt. Dann wurde Henschel, von vier Lokomotiven abgesehen, die Kessler noch 1850 lieferte, Hoflieferant für die Friedrich-Wilhelms-Nordbahn, bis diese nach 1866 in den Verband der Preußischen Staatseisenbahnen aufging. Schon 1852 war es Henschel gelungen, der Nürnberg-Fürther Eisenbahn, die bislang nur zwei Lokomotiven englischer Herkunft mit englischem Personal betrieben hatte, eine Henschel-Konstruktion als Fabrik-Nummer 14 zu verkaufen und damit die Vorherrschaft englischer Maschinen auf dieser Strecke zu brechen. Dem Auftrag war eine eingehende Besichtigung der Kasseler Fabrik durch den englischen Fachmann William Wilson vorangegangen, der 1835 mit einer Stephenson-Lokomotive die erste Eisenbahnlinie in Deutschland eröffnet hatte. Der erste Export von Henschel-Lokomotiven fiel in das Jahr 1858. Die Nederlandsche Rhijn Spoorweg Mij. kaufte für ihre Linie Amsterdam–Emmerich sechs Personenzuglokomotiven. Weitere Export-Aufträge folgten jedoch erst zwanzig Jahre später.

Erste Exportlokomotive. 1858

1861 wurde ein neuer Abnehmerkreis für Lokomotiven erschlossen: Die erste Werkslokomotive Europas wurde für die Industriebahn des Hoerder Vereins ausgeliefert. Das bedeutete zwar Anerkennung, aber keineswegs einen deutlichen Erfolg, um den man sich bis 1865 vergeblich bemühte. Dabei erkannte selbst die Konkurrenz durch Vergabe von Werkstattaufträgen an, daß in Kassel Qualitätsarbeit geleistet wurde. So ließ der Bochumer Verein 1865 bei Henschel verschiedentlich Lokomotiv-Kurbelachsen aus Gußstahl bearbeiten, die dann an die Maschinenfabrik Esslingen ausgeliefert wurden. In einem Fall muß es besonders eilig gewesen sein, da dem Auftraggeber für 150 „Nachfeierabendstunden" ein Zuschlag von je 1 Silbergroschen berechnet wurde. Die Späne wurden für 3 Taler je 100 Pfund an den Bochumer Verein franco Dortmund zurückverkauft.

Erste Lokomotive für eine Werksbahn. 1861

In den ersten 17 Jahren war im Lokbau gerade die Fabriknummer 100 erreicht worden. Dann aber ging es steil aufwärts. Eine der betrieblichen Voraussetzungen dafür war ein Anschlußgleis zum Unterstadt-Bahnhof, das erst 1872 gebaut werden durfte. Bis dahin mußten die Lokomotiven auf Rollwagen mit Hilfe von 60 bis 100 Pferden zum heutigen Kasseler Hauptbahnhof transportiert werden. Doch waren äußere Ursachen entscheidender: Die rasche Industrialisierung Deutschlands, das Anwachsen der Bevölkerungszahl, die Veränderungen im kleinstaatlichen Denken führten unter anderem zu einer gewaltigen Vergrößerung des Schienennetzes (1860: 11 100 km, 1870: rd. 18 900 km, 1880: rd. 33 800 km). Ein weiterer Grund für den Anstieg lag allerdings auch in der Tatsache, daß Henschel vom Ende der siebziger Jahre an nach und nach bestimmte Exportmärkte eroberte. Seitdem 1857/58 die ersten Exportlokomotiven das Werk verließen, sind bis 1985 mehr als die Hälfte aller in Kassel gebauten rund 33 000 Lokomotiven von ausländischen Bahngesellschaften bestellt worden. Allerdings hätte Henschel weder im Inland noch im Ausland ohne ideenreiche Neuerungen und gleichbleibende Qualität Marktanteile erobern und behaupten können.
In den ersten 37 Lokomotivbau-Jahren wurden 5 000 Maschinen ausgeliefert, für die nächsten 5 000 brauchte man nur noch elf Jahre. Diese Steigerung machte sich natürlich auch in der Umsatzaufteilung bemerkbar. 1858/59 hatte

Lokomotive Fabrik-Nr. 100. 1865

der Umsatz mit 7 Lokomotiven gerade 46 Prozent erreicht; 1885/86 war es mit 84% fast der doppelte Wert: Die 169 in diesem Geschäftsjahr gelieferten Lokomotiven wurden für 3,9 Millionen Mark verkauft, während für die restlichen 750 000 M Umsatz Dampfkessel, Ersatzteile, Maschinen und Gußerzeugnisse für viele kleine Handwerker und Gewerbebetriebe in Kassel und Umgebung nach Bestellung angefertigt wurden.
Mit wachsendem Lokomotivbedarf änderten sich auch die Produktionsmethoden. Zu Beginn der 80er Jahre erfolgte der Übergang von der Einzelfertigung zur Serienproduktion. Vorausgegangen war dem die Entwicklung einer Henschel-„Regellokomotive“, die 1876 unter dem machtvoll klingenden Namen „Bonifatius“ das Werk verließ. Sie war die erste einer bis 1944 gebauten Dampflokomotivgattung für Baubetriebe, Feld- und Kolonialbahnen, Industrie-, Klein- und Nebenbahnen in allen gängigen Spurweiten und Leistungsgrößen. Bauteile für diese Lokomotiven unterlagen werksinternen Normen („Regeln“); sie wurden in Serien gebaut und auf Lager gehalten. Deshalb war werksintern auch die Bezeichnung „Vorratslokomotiven“ üblich. Um die Jahrhundertwende konnte Henschel aus dem immer weiter entwickelten „Baukasten“ etwa 100 Varianten anbieten; 1936 hatte sich deren Zahl verdoppelt. Dieses Standard-Lieferprogramm ist auf der Welt wohl einmalig gewesen; der Gedanke lebt in den Industrie-Diesel-

Erste „Regel“-Lokomotive „Bonifatius“. 1876

lokomotiven der Henschel-Standardtypenreihe noch heute fort. Die Standardisierung von Bauteilen für Staatsbahnlokomotiven war dagegen erst möglich geworden, nachdem sich die Regierungen der deutschen Staaten zur Verminderung der vielen Privatbahnen zu Gunsten von Staatsbahnverwaltungen unter Führung Preußens entschlossen hatten, und 1885 Normen für Konstruktion und Ausrüstung von Hauptbahnen erlassen worden waren. Die Einführung wirklicher Einheitslokomotiven erzwang dann die Not des Ersten Weltkriegs und die Zeit der nachfolgenden großen Depression.

Dampf-Straßenbahn mit Henschel-Lokomotive Kassel-Wilhelmshöhe. Um 1880

In der zweiten Hälfte der achtziger Jahre machte sich bei einigen deutschen Lokomotivfabriken ein empfindlicher Auftragsmangel bemerkbar. Das führte zu Überlegungen, erneut ein Kartell zu bilden. Ein Jahrzehnt zuvor war mit dem „Verband deutscher Lokomotiv-Industrieller" ein Vorversuch zur Absatzregelung gemacht worden, der aber schon nach zwei Jahren scheiterte. Innerhalb des neuen Regionalkartells für Norddeutschland hatte Henschel in dem 1890 gegründeten Deutschen Lokomotivverband ein Anrecht auf 20 Anteile, während sich die übrigen sieben Lokomotivfabriken die restlichen 45 teilen mußten. Im süddeutschen Regionalkartell besaßen fünf Firmen die übrigen 35 Anteile.

1891 beschäftigte die Fabrik in Kassel erstmals mehr als 2 000 Arbeiter; die Zahl der abgelieferten Lokomotiven erreichte in diesem Jahr 285. Aber zwei Jahre später war die Ablieferung wieder auf 186 Stück zurückgefallen, und es standen 500 Mitarbeiter weniger in Lohn und Brot. Zwischen 1900 und 1908 verdreifachte sich die Mitarbeiterzahl auf 6 000; die Lohnsumme stieg von 2,6 auf 8,6 Millionen Mark. Vor dem Ausbruch des Ersten Weltkriegs war etwa ein Drittel der deutschen Lokomotivproduktion in Kassel konzentriert.

Nach 1918 ließen die politischen Verhältnisse einen Neubeginn des Wirtschaftslebens nicht zu. Die Deutsche Reichsbahn fiel als Abnehmer praktisch aus, denn wo nicht produziert und verbraucht wird, wird auch nicht transportiert. Ausländische Eisenbahnverwaltungen hatten ähnliche Probleme, oder sie bestellten beim „Feind" zunächst nichts. Trotzdem fiel in diese Zeit der größte Exportauftrag für die deutsche Lokomotivindustrie. Rußland bestellte 600 Lokomotiven beim Deutschen Lokomotivverband, der die Lieferanteile unter seine 19 Mitgliedsfirmen aufteilen mußte. Henschel & Sohn hatten 147 Lokomotiven zu bauen.

Deutschland wollte als Gegenwert natürlich kein Papiergeld haben. Eine offizielle Goldeinfuhr kam nicht in Frage; es wäre von den Siegermächten beschlagnahmt worden, weil der Versailler Vertrag Goldbesitz für Deutschland verbot. Außerdem hätten sie auch für Rußland bestimmte Lokomotiven beschlagnahmt, weil der Friedensvertrag zunächst die Erfüllung der westlichen Reparationsforderungen vorschrieb. Also mußte das Geschäft über ein neutrales Land gehen. Schweden wollte seine Erze weiterhin nach Deutschland liefern, aber auch nur gegen Gold. Eine schwedische Firma bestellte 600 Lokomotiven in Deutschland, Rußland deponierte den Goldbetrag in Stockholm, die deutschen Lokomotivfirmen verpflichteten sich, in die Vereinbarungen zwischen dem schwedischen Handelshaus und Rußland einzutreten. Ende Februar 1921 wurden

Lokomotive Fabrik-Nr. 10 000 in Festdekoration anläßlich des hundertjährigen Bestehens der Firma. 1910

die Verträge unterschrieben, bis zum 1. Dezember wurden 300 Lokomotiven geliefert, der Rest bis zum 1. März 1922. Weder die deutsche noch die schwedische Regierung durften natürlich offiziell etwas von diesem Geschäft wissen; es hätte mit Sicherheit größte diplomatische Verstimmungen besonders mit Frankreich und England gegeben.
Mit dem Erwerb der Quoten bzw. Konstruktionen von Hagans, Linke-Hofmann-Busch und Hanomag stieg die Henschel-Quote im Lokomotivverband bis zum Anfang der dreißiger Jahre auf zwei Fünftel an. Das Henschel-Know-how wuchs außerdem um Zeichnungen und Erfahrungen im Bau von 16 500 Lokomotiven. Henschel hatte inzwischen rund 21 000 Lokomotiven geliefert und lag mit großem Abstand an der Spitze der deutschen Produktion.
Wie schwer die strukturellen Probleme in der damaligen Zeit waren, zeigt sich daran, daß vier der fünf größten Lokomotivfabriken die Produktion aufgaben und von den rund zwanzig Lokomotivfabriken überhaupt nur noch fünf Werke weiter existieren konnten. An sich hätte eine einzige Lokomotivfabrik genügt, um den gesamten Inlandsbedarf zu decken.
Trotz des Kapazitätsschnitts in der deutschen Lokomotivindustrie mußten die verbliebenen Unternehmen um ihr Überleben kämpfen. Um einen Mindestauftragsbestand zu sichern, wurden langfristige Lieferverträge auf Gegenseitigkeit abgeschlossen. So verpflichtete sich Henschel 1931 für zehn Jahre, den Bedarf an Walzmaterial, wenn eben möglich vollständig, bei der Vereinigte Stahlwerke AG zu beziehen. Mindestens sollte das Verhältnis gewahrt bleiben, in dem die bis dahin zu Henschel gehörende Henrichshütte das Kasseler Werk beliefert hatte. Dafür sollte Henschel einen Rabatt am jeweiligen Jahresende erhalten. Die Vereinigten Stahlwerke verpflichteten sich ihrerseits, mindestens sechzig Prozent der benötigten Lokomotiven und fünfzig Prozent der benötigten Lastkraftwagen von Henschel zu kaufen. Von einem freien Wettbewerb konnte in den damaligen Notzeiten nicht mehr die Rede sein.
Der Umfang der Krise läßt sich leicht an den Ablieferungszahlen erkennen. Seit 1905 wurden in Kassel regelmäßig alle zwei Jahre 1 000 Lokomotiven gebaut. Zwischen 1916 und 1920 verkürzte sich der Zeitraum sogar auf ein Jahr. Fabriknummer 20 000 wurde 1923 an die Deutsche Reichsbahn abgeliefert. Für die Ablieferung der nächsten 1 000 Lokomotiven bedurfte es eines Zeitraumes von fünf Jahren, und die gleiche Zeit wurde auch für das weitere Tausend in Anspruch genommen.
Zu der Wirtschaftskrise kamen noch Rationalisierungserfolge der Deutschen Reichsbahn-Gesellschaft, durch die sich ab 1925 ein Überhang an einsatzfähigen Lokomotiven ergab. Der Rückgang des Verkehrs ließ diesen ab

Lokomotive Fabrik-Nr. 20 000 auf einem Notgeldschein, mit dem man am letzten Einlösungstag ein halbes Pfund Mehl kaufen konnte

1929 noch stark anwachsen, so daß die Zahl der einsatzbereiten, aber nicht verwendbaren Reichsbahn-Lokomotiven 1932 auf rund 8 500 Stück gestiegen war. Zwar gelang es der Lokomotivindustrie, Auslandsaufträge zu erhalten, die jedoch nur schubweise eingingen und eine kontinuierliche Beschäftigung nicht sicherten. Die allgemein einsetzende Motorisierung auf der Straße trug ebenfalls dazu bei, daß die Eisenbahngesellschaften mit Neubestellungen stark zurückhielten.
Trotz der Zeit wirtschaftlicher Unsicherheit sind die späten zwanziger und frühen dreißiger Jahre für Henschel eine Periode intensiver technischer Entwicklungen gewesen. Während bis etwa 1920 die Kolbendampflokomotive das Denken auch der Entwicklungsingenieure weitestgehend beherrschte, wurde nun verstärkt mit Dampfturbinen, Hochdruckdampf und schnellaufenden Dampfmotoren für Eisenbahnen experimentiert. Der Gedanke der Kohlenstaubfeuerung, der für stationäre Dampfkessel schon von Carl Anton Henschel geäußert worden war, wurde ebenfalls wieder aufgenommen. 1924 kam es zur Gründung der Studiengesellschaft für Kohlenstaubfeuerung auf Lokomotiven, an der sich die wichtigsten deutschen Lokomotivfabriken beteiligten. Die Federführung lag bei Henschel. Die ersten beiden Reichsbahn-Lokomotiven wurden 1928 abgeliefert. Als Brennstoff diente zunächst Braunkohlenstaub, später auch Steinkohlenstaub.
Die erste elektrische Lokomotive war in Kassel 1905 als Schmalspur-Maschine mit einer Leistung von 50 kW für die Königlich Sächsische Staatseisenbahn gebaut worden, die erste Lokomotive mit Vergasermotor 1910. Die 25 PS dieses Motors wurden mechanisch übertragen. Auch hier handelte es sich um eine Schmalspurmaschine, die nach Rußland exportiert wurde. Um die Entwicklung und den Einsatz von Lokomotiven mit Verbrennungsmotoren zu beschleunigen, gründete Henschel zusammen mit der Motorenfabrik Deutz und der Maschinenbau-Anstalt Humboldt 1923 die Öllokomotiv-Gesellschaft mbH. Henschel sollte Lokomotiven über 300 PS Leistung bauen. Es kam jedoch zunächst nicht zu besonderen Erfolgen, vor allem, weil es nicht gelang, zuverlässige Flüssigkeitsgetriebe für größere Leistungen zu entwickeln. Erfolgreicher war dagegen der Bau von Motorlokomotiven mit elektrischer Leistungsübertragung, die Henschel zuerst nach Thailand und Argentinien lieferte. Ein Jahr später, 1932, stellte die Deutsche Reichsbahn die erste Henschel-Motorlokomotive mit elektrischer Leistungsübertragung in Dienst. Sie erhielt einen 64-PS-Henschel-Benzinmotor.
Die einzelnen Schritte in der Weiterentwicklung der Lokomotiven zu untersuchen ist hier nicht der Platz. Jedoch soll eine „Super-Lokomotive" nicht unerwähnt bleiben: 1942 erteilte das Reichsverkehrsministerium den Auftrag, je eine Schnellfahr- und eine Güterzuglokomotive für eine Transkontinentalbahn mit einer Spurweite von drei Metern zu entwickeln. Es wurden dieselelektrische Maschinen geplant, deren Schnellzugvariante eine Geschwindigkeit von 250 km/h erreichen sollte. Die Güterzuglokomotive sollte 100 km/h schnell sein und eine Anfahrzugkraft von 200 t entwickeln. Nach diesem gedanklichen Höhenflug der Lokomotivbautechnik folgte schon drei Jahre später der vollständige Niedergang. Auf die drei Kasseler Werke wa-

Werk Mittelfeld, links Kesselhaus mit Kohlenbunker, anschließend Autorahmenbau und Zahnradbearbeitung, Motorenbau und Automontage, Lokomotivrahmenbau, Gießerei. 1935

ren bis Kriegsende in 26 Angriffen etwa 290 Sprengbomben und 250 000 bis 300 000 Brandbomben gefallen. Von den 83 000 qm genutzter Gebäudefläche befanden sich nur noch 20% in einem Zustand, der mit „benutzbar, wenn auch ausbesserungsbedürftig" bezeichnet wurde. 80% lagen in Trümmern.
Fünf Tage nach der Besetzung Kassels wurde eine Genehmigung zur Wiederaufnahme der Arbeit beim örtlichen Military Government gestellt; gestattet wurden Aufräumungs- und Instandsetzungsarbeiten im Werk Kassel mit 80 Mann, aber keinerlei Produktion. Ende April wurden die Werke vom 757. Railway Shop Battallion besetzt. Die amerikanischen Soldaten sollten gemeinsam mit deutschen Kräften amerikanische Kriegslokomotiven sowie Reichsbahnlokomotiven reparieren und die bei Henschel stehenden Neubauten fertigstellen. Die Firma bekam den Auftrag, mit den vorhandenen Gebäuden und Maschinen zunächst Reparaturmöglichkeiten einzurichten. In enger Zusammenarbeit mit den amerikanischen Soldaten, die in dem Verwaltungsgebäude am Möncheberg einquartiert waren, gelang es, die Werkstätten so in Stand zu setzen, daß bereits am 12. Mai 1945 die erste halbfertig aus den Trümmern ausgegrabene Lokomotive ausgeliefert werden konnte. Besondere Verdienste um das Anlaufen des Lokomotivbaus erwarb sich der damalige Capt. Charles F. Sheen, der über alle Hemmnisse durch Vorurteile und Bürokratie hinweg die Möglichkeiten der US-Armee benutzte, um Material und ausgelagerte Maschinen heranzuschaffen. „Papy Sheen", wie er von seinen Soldaten und von den deutschen Arbeitern genannt wurde, erhielt bei

Aufräumungsarbeiten im Werk Kassel mit Unterstützung der US-Army. 1945

Fabrikschild einer unter Aufsicht der US-Army instandgesetzten Lokomotive

Werk Mittelfeld. 1945

einem Besuch 1972 in Kassel den Rang eines „Ehrenbürgers der Henschel-Werke". Er hat ihn verdient, nicht nur weil er dem Werk geholfen hat, die Arbeitsplätze wieder herzurichten, sondern vor allem weil er als Repräsentant des „Siegers" Menschlichkeit zeigte.
Die Lokomotivreparatur wurde bis Ende 1948 zum wichtigsten Betätigungsfeld des Unternehmens, zumal der Nutzfahrzeugbereich ausgeklammert war. Die Reichsbahn hatte ihrerseits beschlossen, keine Neubau-Lokomotive abzunehmen, bis nicht die 6 000 reparaturfähigen Maschinen wieder in Dienst gestellt waren. Unter diesen Umständen ist der Plan zu verstehen, im Werk Mittelfeld eine Fließband-Lokomotiv-Reparatur einzurichten, obgleich ein privates Unternehmen ohne Auslastung seiner Neubaukapazitäten auf die Dauer wirtschaftlich in Schwierigkeit kommen mußte.
1950 wurden die ersten neu konstruierten Dampflokomotiven an die Deutsche Bundesbahn ausgeliefert, fünf Jahre später die beiden letzten. Die allerletzte Dampflokomotive verließ, mit einem Ersatzkessel neu ausgestattet, 1961 über das inzwischen 90 Jahre alte Anschlußgleis das Tor des Kasseler Stammwerks. Die Epoche der Henschel-Dampflokomotiven war zu Ende. Die Diesellokomotive und die Fahrleitungslokomotive hatten die Zukunft der Eisenbahn für sich entschieden. 1961 forderte die Bundesbahn die deutsche Industrie auf, eine elektrische Lokomotive für 200 km/h Höchstgeschwindigkeit zu entwickeln. Die Entwürfe von Henschel und Siemens führten zur späteren Baureihe 103. Mit diesen Lokomotiven war die Grenze der konventionellen Rad/Schiene-Technik erreicht.

Bundesbahn-Schnellfahrlokomotive, die eine Höchstgeschwindigkeit von 250 km/h erreichte. 1973

Fluggastbrücke auf dem Flughafen Düsseldorf

Ein völlig fremdartiges „Diversifikationsprodukt" des Lokomotivbaus entstand in der Mitte der sechziger Jahre. Im Zusammenhang mit den Ausbauplänen des Rhein-Main-Flughafens Frankfurt überlegte die Landesregierung, wie man insbesondere die nordhessische Industrie am Flughafen-Neubau beteiligen könne. Beim Durchsehen der Bedarfslisten gab es in Kassel zunächst ratlose Gesichter, denn das vorhandene Produktionsprogramm sah vieles vor, nichts jedoch für Flughäfen. Lediglich – eher äußerlich hinsichtlich der Abmessungen und wegen der Kenntnisse bei der Träger- und Blechverarbeitung – entdeckte man einen gewissen Zusammenhang zwischen dem Lokomotivbau und den Fluggastbrücken, die der Rhein-Main-Flughafen bekommen sollte. Die Grundkenntnisse verschaffte man sich, wie so häufig, durch Erwerb einer Lizenz, dieses Mal von der Stanray International Corp. (Chicago/USA). Die Fertigung erfolgte zunächst im Werk Rothenditmold. Der Rhein-Main-Flughafen erhielt inzwischen 72 Fluggastbrücken. Die Gesamtablieferung liegt jetzt bei 250 Stück. Eigene Konstruktionen führten 1976 zu einer Trennung vom Lizenzgeber. Inzwischen ist der Bereich Flughafentechnik selbständig geworden und teilt mit dem Lokomotivbau nur noch eine Halle im Werk Mittelfeld. Er trägt weltweit dazu bei, den Namen Henschel auch bei Flughafenverwaltungen bekannt zu machen.

Würde man die neueren technischen Entwicklungsstufen des Lokomotivbaus hintereinander aufführen, käme es zu einer langen Reihe von „Premieren", an deren vorläufigem Ende die Universallokomotive mit Drehstrom-Leistungsübertragung steht. Ab 1965 wurde gemeinsam mit der Brown, Boveri & Cie. AG (BBC) eine Konzeption entwickelt, die zu einem neuen Lokomotiv-System führte. 1971 wurde die erste voll betriebsfähige Diesellokomotive mit Drehstrom-Leistungsübertragung von Henschel und BBC vorgestellt. Damit begann ein neues Kapitel im Lokomotivbau. Die Forderungen nach Vielseitigkeit im Einsatz erfüllt diese Lokomotive ebenso wie die nach hoher Wirtschaftlichkeit und besonders günstigem Anfahrverhalten. Dabei spielt es keine Rolle, ob die Lokomotive eine eigene Kraftmaschine hat oder ihre Energie über die Fahrleitung bezieht. Zweikraft-Lokomotiven sind ebenso möglich wie Mehrfrequenz-Einspeisungen. Nachdem die ersten in Serie gebauten Lokomotiven zunächst an ausländische Bahnverwaltungen geliefert worden waren, bestellte auch die Deutsche Bundesbahn elektrische Lokomotiven mit Drehstrom-Leistungsübertragung. Konstruktion und Leistungsübertragung ermöglichen es, die gleiche Lokomotive für den Hochgeschwindigkeits-Personenverkehr einzusetzen wie für den schwersten Güterverkehr. Mit einer Versuchslokomotive sind auf der Strecke Geschwin-

Dieselelektrische Lokomotiven Henschel-BBC DE 2500 mit Drehstrom-Leistungsübertragung in der Bundesbahn-Erprobung. 1973

Lokomotive Henschel-BBC DE 2 500 UmAn auf dem Rollprüfstand. 1982

digkeiten bis zu 250 km/h und auf dem Rollprüfstand über 310 km/h erreicht worden. Erheblichen Anteil an der Geschwindigkeitssteigerung im Schienenverkehr haben die Trieb-Drehgestelle, die bei Henschel entwickelt worden sind. Die jüngste Entwicklung, zu der die Drehstrom-Leistungsübertragung geführt hat, ist der Hochgeschwindigkeitszug Intercity Experimental ICE der Deutschen Bundesbahn, mit dem Geschwindigkeiten bis 350 km/h erreicht werden sollen.

Auch für einen weiteren Weg in die – spurgeführte – Zukunft sind bei Henschel die Weichen bereits gestellt. Die Überlegungen, wie eine Universallokomotive aussehen müßte, führten zur Drehstrom-Leistungsübertragung. Damit läßt sich inzwischen die dem Rad/Schiene-System gesetzte Geschwindigkeitsgrenze erreichen. Schon bald wurde jedoch deutlich, daß aus energiepolitischen und aus gesamtwirtschaftlichen Gründen ein völlig neues Verkehrssystem erforderlich ist, das die Vorteile des spurgeführten Verkehrs mit denen des Luftverkehrs verbindet und die Nachteile beider Systeme vermeidet. Das Ergebnis war die spurgebundene, aber berührungslose Magnetfahrtechnik, in deren Entwicklung sich Thyssen Henschel einschaltete. 1974 entstand in Kassel die erste Versuchsanlage der Welt für berührungsfreie elektromagnetische Antriebe mit Langstator. Fünf Jahre später bewies eine 1 km lange Anlage in Hamburg bei 1 000 Fahrten ihre Verkehrseignung und Zuverlässigkeit. In einem planmäßigen Taktverkehr wurden über 50 000 Passagiere ohne jeden Zwischenfall „schwebend" befördert.

Nach weiteren fünf Jahren war die Entwicklungsphase, für die es ebensowenig Vorbilder gab wie für die englischen Dampflokomotiven vor knapp 200 Jahren, abgeschlossen. Im Emsland entsteht seit Ende 1978 eine Großversuchsanlage für die Langstator-Magnetschwebebahn, an deren Planung und Bau Thyssen Henschel maßgeblich beteiligt ist; für die Errichtung der Südschleife wurde Henschel als Generalunternehmer bestellt. Nach ihrer Fertigstellung wird der 31,5 km lange Kurs Geschwindigkeiten bis 400 km/h zulassen.

Wie bei der Dampfeisenbahn mußten nicht nur Antriebsart und Antriebsfahrzeug „erfunden" werden, sondern auch alle zum Betrieb erforderlichen Nebeneinrichtungen: Fahrweg, Energieversorgung, Signaltechnik, Überwachungssysteme. Der Bau des Stahlfahrwegs verlangte von den Stahlbauern bisher kaum erforderliche Toleranzen von weniger als einem Millimeter. Das setzt höchste Präzision bereits beim Walzen voraus, erfordert neue Methoden eines verzugsfreien Schweißens sowie Montagevorkehrungen, die eine Nachbarschaftsgenauigkeit von 0,1 mm zulassen. Wo früher mit dem Zollstock genau genug gemessen werden konnte, reicht heute oft schon die Mikrometerschraube nicht mehr aus. Zur Herstellung der Einzelteile für den Langstator mußten neue Verfahren zur Serienfertigung der Statorpakete und der Kabelwicklung entworfen werden. Hieraus ergaben sich Anregungen für konventionelle Fertigungen, ebenso wie der klassische Weichenbau von der Konstruktion der Stahlbiegeweiche mit hydraulischem Antrieb und für die maximale Betriebsgeschwindigkeit profitieren wird.

Das Schweben des Fahrzeugs mit einem 10 Millimeter starken Luftspalt wird durch „magnetische Räder" bewirkt. Die für die Stromversorgung erforderlichen Magnetstromsteller haben bereits erste Diversifikationsprodukte entstehen lassen, die eindeutig in die Zukunft weisen. Sie sind inzwischen Bestandteil eines Drehstrom-Antriebssystems, das für hochpräzise Werkzeugmaschinen wesentlich wirtschaftlicher ist als der verschleißanfälligere Gleichstrommotor, der bisher für solche Zwecke zur Verfügung stand. Die Kenntnisse der berührungsfreien elektromagnetischen Lagerung haben eine Einrichtung ermöglicht, in der schwere Stahlseile über eine Strecke von mehreren Metern schweben, bis eine Kunststoffschutzschicht ausgehärtet ist. Ein weiterer „Abkömmling" des magnetischen Rades ist ein Prüfstand für die Untersuchung der Wechselwirkung zwischen Kraftfahrzeugrädern und Fahrbahn, auf dem Geschwindigkeiten von mehr als 200 km/h simuliert werden können.

Nur zehn Jahre waren erforderlich, um eine neue Technologie für einen neuartigen Anwendungszweck zu entwickeln. Aus ihr haben sich bereits jetzt mehrere anwendungstechnische „Abzweigungen" ergeben, die in zukunftsträchtiges Neuland führen. Die Henschel-Konstrukteure haben hier wie in vielen anderen Fällen Pionierarbeit geleistet. Während in den Anfangsjahren der Eisenbahn die Erfahrungen ausländischer Lokomotivbauer für deutsche Strecken herangezogen werden mußten, ist die Verkehrstechnik von Henschel heute bahnbrechend im Inland wie im Ausland.

Magnetschwebefahrzeug Transrapid 05 auf der Versuchsanlage im Werk Mittelfeld; links Dampfstraßenbahnlokomotive Baujahr 1902

Vom Dampffahrzeug zum Lastkraftwagen
Ein Beitrag zur Fahrzeug-, Motoren- und Getriebeentwicklung: 1803–1969

In der reichen, für seine Zeit oft utopisch anmutenden Ideensammlung von Carl Anton Henschel befinden sich auch Gedanken zu einem Straßenfahrzeug, das mit Dampf angetrieben werden sollte. Schon als kurhessischer Baumeister schlug er 1803 ein solches Fahrzeug vor. Ganz neu war die Idee allerdings nicht. James Watt hatte schon fast fünfzig Jahre früher ein Modell gebaut, und 1770 fuhr der französische Artillerieoffizier Nicolas Joseph Cugnot seinen ersten Dampfwagen mit einer Geschwindigkeit von max. 4 km/h und einer Nutzlast von 2 500 kg durch Paris. Er und seine Nachfolger sollten, wie so viele technische Erstentwicklungen, zunächst in Vergessenheit geraten.
Im Kurfürstentum Hessen konnte Henschel, von allen technischen Schwierigkeiten abgesehen, für diese Idee keinen Fürsprecher finden. 1816 baute er dem Kurfürsten sogar ein Modell zu den Maschinenteilen eines solchen Fahrzeugs, aber die Zeit war immer noch nicht reif dafür. 1833 kam er in seiner Broschüre über die Anwendung von Druckluft für den Eisenbahnbetrieb nochmals darauf zurück. Er hatte aber bereits festgestellt, daß der Energieverbrauch im Vergleich zu Schienenfahrzeugen sehr hoch war. Nach seinen Berechnungen erforderte der schienenlose Dampfwagen fünfzehnmal mehr Zugkraft als die Eisenbahn; dabei war die erreichbare Geschwindigkeit nur halb so groß wie bei Lokomotiven.
Mehr, wenn auch nur vorübergehenden Erfolg hatten Henschel & Sohn, obgleich noch nicht einmal am Ufer der Fulda gelegen, beim Bau von Schiffen, die mit Dampf angetrieben wurden. 1843 lief das erste vom Stapel, allerdings nicht in Kassel, sondern in Münden, wo die Firma Chr. Wüstenfeld & Sohn den hölzernen Schiffsrumpf gebaut hatte. Das Schiff war gut dreißig Meter lang und drei Meter breit. Die Dampfmaschine, die wie alle anderen Eisenteile aus Kassel kam, leistete 20 PS. Das Schiff befuhr zunächst die Fulda zwischen Kassel und Münden, wurde aber bald nach Bremen verkauft. Die Kurhessische Regierung hatte die Schiffahrt auf der Fulda untersagt, weil der Wasserstand des Flusses sehr unregelmäßig war. Außerdem soll der Kurfürst das Anlegen von Dampfschiffen im

Dampfer Eduard mit 20-PS-Dampfmaschine von Henschel & Sohn. 1843

Gebiet der Residenzstadt verboten haben, nachdem sich die Wäschereibesitzer, die die Wäsche vor dem Wesertor trockneten, über die Rußentwicklung beschwert hatten. Henschel und Wüstenfeld bauten in den folgenden Jahren noch zwei weitere Schiffe für die Fahrt auf der Weser und auf der Elbe. Die „Herzog Wilhelm", die für die Weserfahrt vorgesehen war, erhielt 1844 eine Henschel-Schiffsdampfmaschine „von 45 Pferdekraft mit allem Zubehör" für 8 500 Taler (oder 17,4% des Jahresumsatzes!). Aber nicht nur Dampfmaschine, Steuerruder, Glocken, Pumpen und drei „Kanonen mit Lafette" (die bei einem Stückpreis von 10 Talern sicher nur als Nebelböller dienten) lieferte Henschel, sondern auch „Hülfe bei Dekorierung des Schiffs mit Goldleisten". Doch schlief dieses Geschäft ein. Die Stromverhältnisse auf der Weser ließen eine weitere Entwicklung der Dampfschiffahrt nicht zu, der erst 1856 endgültig aufgehobene Weserzoll drückte die Erlöse, und bald machte sich auch die Eisenbahn als leistungsfähigere Konkurrenz deutlich bemerkbar.
Nach dieser Schiffsbau-Episode dachte man in Kassel lange nicht mehr an den Bau von anderen Dampffahrzeugen außer Lokomotiven. Als aber Carl Anton Theodor Henschel nach dem Ersten Weltkrieg erkannte, daß eine Programmerweiterung für das Unternehmen dringend notwendig war, beschloß er 1924, den Bau von Straßenbaumaschinen aufzunehmen, die selbstverständlich zunächst mit Dampfmaschinen angetrieben wurden. Auf diesem Gebiet waren ja bereits umfangreiche und langjährige Erfahrungen vorhanden. Der Bau von Straßenbaumaschinen mußte erfolgversprechend scheinen; das Vordringen des Automobils als völlig neues Verkehrsmittel war deutlich zu erkennen. Aber Straßenbaumaschinen

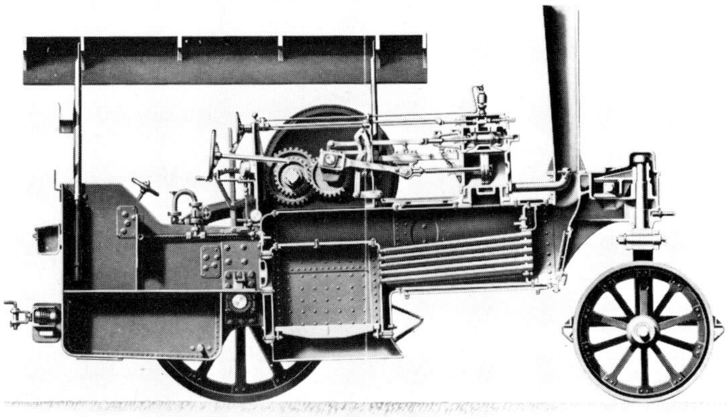

Schnitt durch eine Dampfstraßenwalze. 1924

allein konnten die Beschäftigung von Henschel nicht sichern. Bei der Suche nach weiteren Produktionsgebieten fiel die Wahl naturgemäß im wesentlichen auf Geräte, für die Dampf eine Rolle spielte: fahrbare und stationäre Lokomobilen, dampfgetriebene Zugmaschinen und Schlepper, Wasserrohrkessel zur Dampferzeugung und sogar ein chromblitzender „Caffix-Apparat", der in Großküchen, Cafés und Restaurants ständig frischen Kaffee bereiten sollte. Die meisten Produkte aus dieser Programmerweiterung haben nicht sehr lange auf der Lieferliste gestanden. Man sah bald ein, daß ein großes Unternehmen mit einer Vielzahl von kleinen Geräten, die überdies nur in kleinen Stückzahlen abzusetzen waren, nicht allzu große Chancen haben konnte. Neben Dampfstraßenwalzen wurden später auch Walzen mit Diesel- oder Holzgasantrieb gebaut.

Dampfstraßenwalzen vor der Auslieferung im Werk Kassel. 1924

Henschel-Lastwagen und die Inhaber der Lizenzfirma Franz Brozincevic (2. von links) und Paul Brozincevic (2. von rechts). 1925

Bei der Ausschau nach Produkten, die den vorhandenen großen Maschinenpark besser ausnutzen konnten, stieß man sehr schnell auf das Automobil. Anfang 1925 wurde der Beschluß gefaßt, schwere Lastkraftwagen und Omnibusse herzustellen. Die neue Fertigung stützte sich zunächst auf eine Lizenz der schweizerischen Firma Franz Brozincevic & Co. Deren Fahrzeuge besaßen bereits Motorbremse und Kardanantrieb, als im allgemeinen für schwere Nutzfahrzeuge noch der Kettenantrieb üblich war. Schon im Sommer 1925 wurde der erste Henschel-Omnibus auf eine Werbefahrt geschickt. In den Anfangsjahren hatten die Fahrzeuge Vergasermotoren, die zunächst ebenfalls nach der Lizenz von Brozincevic gebaut wurden. Als erste Henschel-Entwicklung gab es schon 1928 einen Vergasermotor mit 85 PS. Vier Jahre später wurde dann ein Dieselmotor, der nach dem Luftspeicherverfahren arbeitete und wesentlich weicher als andere Dieselmotoren lief, vorgestellt. Dieser Henschel-Lanova-Motor (nach dem Erfinder Franz Lang und nova = neu) ersetzte bald die Benzinmotoren, die für schwere Nutzfahrzeuge zuviel des teuren und knappen Treibstoffs verbrauchten. Der Prototyp des Lanova-Motors leistete 100 PS; schon bald wurde die Leistung auf 175 PS gesteigert. Der Henschel-Lanova-Motor diente auch als Antrieb für Diesellokomotiven; die Zusammenarbeit mit Franz Lang dauerte noch nach 1945 fort.

Die Rohstoffsituation in Deutschland zwang zu Überlegungen, welche Treibstoffe außer Benzin und Diesel-Öl für Verbrennungsmotoren geeignet seien. Henschel begann als erstes deutsches Unternehmen schon 1929 Versuche mit Holzgas und Holzkohlengas. „Wenn auch kleine Nachteile wie Reinhaltung des Generators, Versorgung mit Holz gewisse Unbequemlichkeiten verursachen, so ist doch andererseits der Vorzug wesentlich niedrigerer Betriebsunkosten unverkennbar ... Die Not der Zeit wird es mit sich bringen, daß ähnlich wie bei dem Dieselmotor auch die mit geringen Kosten zu betreibenden Gasgeneratorenfahrzeuge erheblich zunehmen werden." So hieß es dann 1933 zum Thema Holzgasgeneratoren. Der „kleinen Unbequemlichkeiten" kann sich heute noch manch einer gut erinnern.

Natürlich dachte man auch an Dampf. Die Unzulänglichkeiten der Motorfahrzeuge ohne elektrischen Anlasser und ohne synchronisiertes Getriebe machten die Vorteile eines

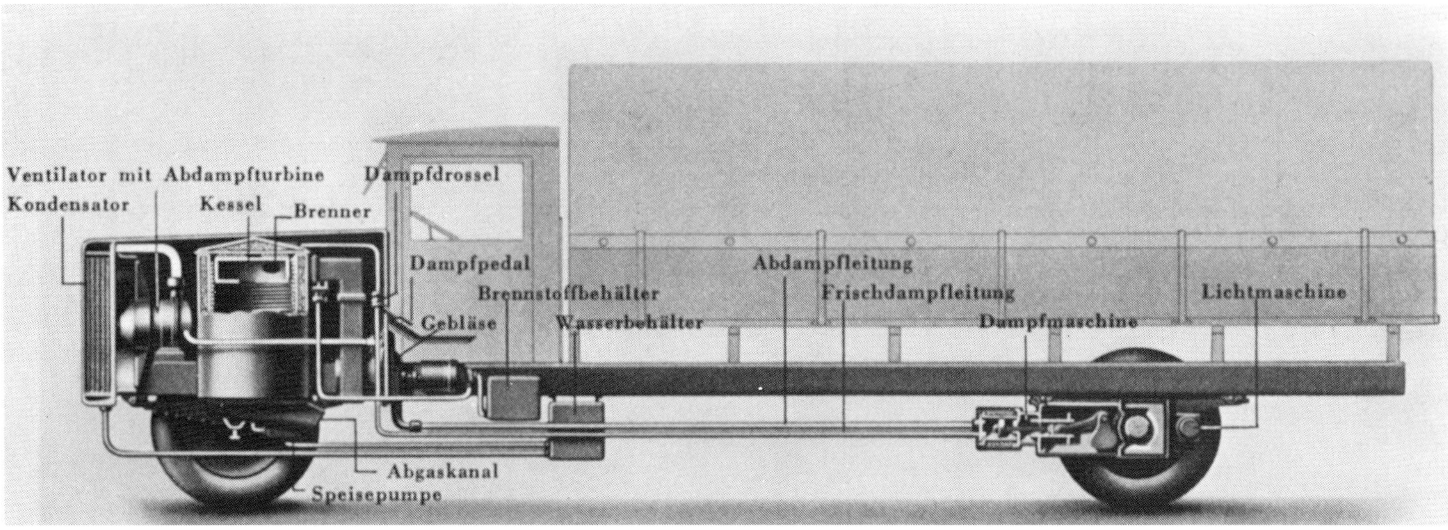

Schnitt durch einen Lastkraftwagen mit Dampfantrieb. 1935

Dampfantriebs besonders deutlich. 1930 baute die amerikanische Firma Doble Steam Motors einen Dampfwagen, der in Deutschland bei Borsig und bei Henschel vorgeführt wurde. Beide Firmen erwarben eine Lizenz, um den Dampfantrieb für kleinere Schienenfahrzeuge auszunutzen; Henschel hatte darüber hinaus aber auch Interesse an der Entwicklung schwerer Nutzfahrzeuge mit einem schnellaufenden Dampfmotor. Die ersten Henschel-Fahrzeuge, die auf Doble-Antrieb umgerüstet wurden, waren Omnibusse für den öffentlichen Personenverkehr. Sie haben sehr rasch bewiesen, daß ein kleiner ölgefeuerter Kessel mit geschlossenem Kreislauf Leistungen bis 150 PS bei Dampfdrücken bis 100 at aufbringen konnte. Als Kraftstoffe wurden Braunkohlen- und Steinkohlenteeröle verwendet. Deren Preis stieg aber von 1936 an so stark, daß der Dampfbetrieb im Vergleich zum Dieselmotor wirtschaftlich nicht mehr vertretbar war. Nachdem etwa 25 Henschel-Dampfkraftwagen gebaut und erfolgreich eingesetzt worden waren, mußten alle weiteren Entwicklungen eingestellt werden.

1925 wurde mit dem Bau von Lastwagen für 3 und 5 t Nutzlast sowie von einem Omnibustyp für 24 Personen begonnen. Zehn Jahre später umfaßte das Henschel-Nutzfahrzeugprogramm Lastwagen für 2,5 bis 10 t Nutzlast, Omnibusse für 20 bis 60 Personen, Otto- und Dieselmotoren von 60 bis 250 PS sowie Dampfkraftwagen und Holzgasgenerator-Kraftwagen. Wenn auch die Motorisierung Deutschlands von 1933 an durch finanzielle Hilfen für die Kraftfahrzeugindustrie, durch Steuer- und Verkehrsgesetze und durch den Autobahnbau stark gefördert worden ist, stellt doch die Entwicklung eines derartigen Programms, für das es außer der ersten Lizenz keinerlei Erfahrungen gab, eine große technische und wirtschaftliche Leistung dar. Nach diesen zehn Jahren hatte der Nutzfahrzeugbau nahezu die Hälfte des Umsatzes erreicht und ganz erheblich zum Ertrag beigetragen.

Ab 1934/35 wurden geländegängige Dreiachser mit Diesel- oder Vergasermotor in großen Serien gefertigt. Sie fuhren als Bau- und Armeefahrzeuge in vielen Ländern. Als Lizenzprodukt ließ sie die Deutsche Wehrmacht auch von anderen Nutzfahrzeugherstellern bauen. Dagegen entstand die letzte Henschel-Nutzfahrzeugkonstruktion als Gemeinschaftentwicklung zwischen Henschel, Klöckner-Humboldt-Deutz und der Österreichische Saurerwerke AG, in deren Wiener Fabrik 1942 die Serienproduktion von Kraftfahrzeugen aus Kassel verlagert wurde, um dort für den Panzerbau Platz zu schaffen.

Im Mai 1945 richtete die US-Armee im Werk Mittelfeld einen Repair-Shop für Lastwagen ein, der bald der deutschen Zivilverwaltung unterstellt wurde; der Oberpräsident der Provinz Kurhessen hatte für das ganze Land die Reparatur von Armeefahrzeugen und ihre Verteilung an die Wirtschaft zu regeln. Der Henschel-Nutzfahrzeugbau wurde zwangsweise in die neu gegründete Hessische

Geländegängiger Dreiachs-Lastkraftwagen. 1935

Industrie- und Handels-GmbH (Hessia) eingebracht. An Lastkraftwagen-Neukonstruktionen war zunächst noch nicht zu denken. Um den Anschluß auf diesem Gebiet jedoch nicht völlig zu verlieren, wurde schon im Juni 1945 beschlossen, den Bau von Oberleitungs-Omnibussen (O-Bus) wieder einzurichten. Die neue Produktion begann im Werk Altenbauna auf der Basis der 1939 gebauten Henschel-O-Busse. Die Auslieferung der ersten drei Fahrgestelle erfolgte bereits im Dezember 1946. Allererste Übungen im Fahrzeugbau bestanden allerdings in der Herstellung von Langholzwagen für die Hessische Forstverwaltung. Es handelte sich um eines der typischen Nachkriegsprodukte, für die nun entbehrlich gewordene Bauteile von Kriegsgerät verwertet wurden. Nach dem Verkauf des Werks Altenbauna wurde für den Omnibusbau eine neue Halle im Werk Mittelfeld errichtet. Die 1963 einsetzende Typenbereinigung führte jedoch dazu, den Bau von Henschel-Omnibussen aufzugeben.

Langholz-Anhänger mit Panzer-Laufrädern. 1946

Oberleitungs-Omnibusse. 1959

Ein kurzes Leben hatte auch die ebenfalls wieder aufgenommene Baumaschinenfertigung. Schon 1945 erteilte die Militärregierung ein Produktionspermit für Straßenwalzen. Die erste Dampfwalze konnte allerdings erst fünf Jahre später ausgeliefert werden. Bei den Motorwalzen kam es zu viel beachteten Neuentwicklungen. Ganz neu konstruiert wurden schwere Rad-Planiermaschinen (Räumer), ein Straßenhobel (Grader) sowie – als erste europäische Konstruktion 1962 – ein Schürfkübelwagen

Schürfkübelwagen (305 PS). 1962

(Scraper). Am erfolgreichsten waren die Dampf- und Motorwalzen, von denen bis 1968 rund 1 400 Stück hergestellt wurden. Davon ging etwa ein Fünftel in den Export. Im Zuge der Abstimmung zwischen den Hanomag- und Henschel-Baumaschinenprogrammen kam es zur Einstellung der Entwicklung und Fertigung in Kassel.
Die „Rückkehr" der Hessia in das Stammwerk führte von 1948 an zu einer erfolgreichen Entwicklung verbesserter Nutzfahrzeugtypen. Bereits 1950 konnte der erste neu konstruierte Henschel-Lastwagen vorgestellt werden. Nachholbedarf einerseits, Wirtschaftswunder andererseits führten zu einer immer stärker expandierenden Nachfrage. Auch der Nutzfahrzeugbau von Henschel nahm am Aufschwung teil. Dennoch war es gerade auch dieser prosperierende Unternehmensbereich, der die Firma 1957 nahezu an den Rand des Ruins brachte. Seit 1954 nämlich wurde im Bundesverkehrsministerium überlegt, Fahrzeugmaße und zulässige Gewichte auf die Aufnahmefähigkeit und Belastbarkeit des Straßennetzes abzustimmen. Die Diskussion ging über mehrere Jahre, und die Abnehmer hielten sich mit Neuanschaffungen zurück. Bei Henschel aber lief die Produktion voll weiter; eine lange geplante Typenergänzung war nicht mehr rückgängig zu machen. Das Ergebnis dieser Entwicklung waren überfüllte Läger und nicht gedeckte Anlaufkosten. Die Einstellung der Zahlungen und der Vergleich ließen sich nicht verhindern. Als das Unternehmen finanziell wieder gesichert war, hatte

Sattelzugmaschine (235 PS). 1964

sich die Debatte um die neuen Fahrzeugabmessungen vertagt. Die Fahrzeugvorräte wurden nun schnell und zu guten Preisen verkauft.
Trotz der weiteren Erfolge in der Entwicklung von Nutzfahrzeugen konnte Henschel seine Selbständigkeit auf diesem Gebiet auf die Dauer nicht behaupten. Das Programm umfaßte nur schwere und schwerste Fahrzeuge, die mit den vorhandenen Einrichtungen möglichen Stückzahlen waren zu gering und die Voraussetzungen, den Export in größerem Umfang durch ein eigenes Händler- und Service-Netz zu fördern, gar nicht erst gegeben. Man vereinbarte deshalb 1961 mit dem französischen Nutzfahrzeughersteller Saviem und 1963 mit der britischen Rootes-Gruppe, die beide nur leichte und mittlere Fahrzeuge bauten, bei der Programmgestaltung und -abstimmung zusammenzuarbeiten. Bevor diese internationale Automobilehe Ergebnisse zeigen konnte, wurde das Kasseler Unternehmen 1964 von den Rheinischen Stahlwerken erworben. Zu dem Verarbeitungsbereich des Konzerns gehörte die Hanomag, die neben Ackerschleppern und Baumaschinen Nutzfahrzeuge bis 3,2 t Tragfähigkeit herstellte. Das zusammengeführte Programm umfaßte nun Nutzlasten zwischen 1 und 20 t. Die Vertriebsorganisation wurde gestrafft, die inländischen Henschel-Nutzfahrzeuggesellschaften übernahmen Vertrieb und Wartung von Hanomag-Fahrzeugen. Aber alle Maßnahmen reichten nicht aus, dem immer stärkeren Wettbewerbsdruck zu widerstehen. Deshalb gab Rheinstahl den Nutzfahrzeugbereich mit Wirkung vom 1. April 1969 in zwei Stufen an die Daimler-Benz AG ab.
Die Motorenentwicklung war nach 1945 wieder aufgelebt. Zunächst wurden amerikanische General Motors-Motoren, die für deutsche Verhältnisse einen außerordentlich hohen Benzinverbrauch hatten, für Dieselbetrieb umgebaut. Nach und nach entwickelten sich eine Vielzahl von Dieselmotoren-Typen für Nutzfahrzeuge, Fluß- und Küstenschiffe, Lokomotiven und stationäre Anlagen. In welcher Weise politische Verhältnisse die Technik anregen können, sei am „Bimot-Motor" dargestellt. Die Alliierten hatten für den Motorenbau Leistungsbeschränkungen erlassen, die noch 1950 galten. Inzwischen waren Fahrzeuge mit höherem Leistungsbedarf auch in der Bundesrepublik erforderlich geworden. In Kassel kam man auf die Idee, zwei Motoren auf einem Rahmen zusammenzubauen, so daß eine Leistung von zweimal 95 PS verfügbar war. Im Störungsfall konnte auch mit einem Motor gefahren werden. Zunächst wurde diese Lösung für den Omnibusbau entwickelt, später auch für Sattelschlepper.
Trotz aller Erfolge mußten 1977 alle Entwicklungsarbeiten für Lokomotiv- und Industriemotoren eingestellt werden. Der Motorenbau lief 1982 endgültig aus. Daß die Hochgeschwindigkeitslokomotive DE 2.500 UmAn mit einem inzwischen auf 2 750 PS Leistung eingestellten Henschel-Motor nach wie vor ihre Fahrten macht, wird für die letzte Generation der Henschel-Dieselmotoren-Konstrukteure ein kleiner Trost sein.
Ein Produktionsbereich, der noch heute im Werk Mittelfeld angesiedelt ist, ist der Getriebebau. Seine Entwicklung dürfte mit der Zahnradfertigung für Baumaschinen oder Nutzfahrzeuge begonnen haben. Die Fortschritte im Automobilbau führten zu eigenen Konstruktionen für Getriebe und Achseinsätze; in den dreißiger Jahren kam die Fertigung von Getrieben für gepanzerte Fahrzeuge hinzu. Die Produktion wurde als so wichtig angesehen, daß sie während des Zweiten Weltkrieges in unterirdische Fabrikräume verlagert wurde. Als einzige Betriebsabteilung war der Henschel-Getriebebau deshalb nach 1945 sofort wieder voll funktionsfähig. Die Fertigung beschränkte sich auf

Hubschrauber-Rotorgetriebe-Leistungsprüfstand, 2x2819 kW. Gebaut 1972

Ersatzteile für amerikanische Armee-Lastkraftwagen, die an die Hessia geliefert wurden. Mit der Wiederaufnahme der Henschel-Nutzfahrzeugproduktion wurden Achsgetriebe, Verteilergetriebe und Zahnradsätze hergestellt. Ein anderer Zweig des Getriebebaus waren die ebenfalls in den dreißiger Jahren aufgenommenen Schneckengetriebe nach einer Lizenz der David Brown Ltd. Für die Fertigung hatte man, wie auch in der Werbung immer wieder erwähnt wurde, Originalmaschinen von Brown in Kassel aufgestellt. 1965 wurde die 1936 gegründete Deutsche Brown-Getriebe GmbH aufgelöst und alle Mitarbeiter von Henschel übernommen.
Die Umstellung der Lokomotivtechnik auf Diesellokomotiven verlangte und verlangt die Entwicklung und Fertigung entsprechend leistungsfähiger Getriebe. Die Zusammenführung von Thyssen Henschel und der Thyssen Getriebe- und Kupplungswerke GmbH, in die die Getriebefertigung 1981 eingebracht worden war, wird die Zusammenarbeit mit dem „Stammwerk" für die Zukunft verstärken und sichern.
Die Erinnerung an den Nutzfahrzeugbau lebt auch noch in der Schmiede Rothenditmold fort. Dieser Betrieb geht auf die Hammerschmiede zurück, die im neugebauten Werk Rothenditmold als erste Abteilung 1878 die Produktion aufnahm. Damals wurden unter Dampfhämmern zwischen 600 und 4 500 kg Schlaggewicht vor allem schwere Stücke geschmiedet, die im alten Werk am Möncheberg nicht mehr bewältigt werden konnten. Später kamen Gesenkschmiedestücke in großen Stückzahlen für den Fahrzeugbereich hinzu. Produziert wurde zunächst ausschließlich für den eigenen Bedarf, im Gegensatz zur Gießerei im Gieß- und im Freyhaus, die anfänglich fast nur für Kunden arbeitete, und zur Kesselschmiede, in der Preß- und Kümpelarbeiten auch für Dritte ausgeführt wurden.
Erst mit der Aufgabe des Nutzfahrzeugbaus entwickelte sich aus der reinen Werksschmiede eine Schmiede, deren Produktionsprogramm – und damit auch Produktionseinrichtungen – von Kundenwünschen bestimmt wurden. 1971 entstand eine neue Hammerlinie zur Herstellung von Vorderachskörpern für Nutzfahrzeuge; eine zweite Linie mit einer Anlage zum Vergüten aus der Schmiedehitze wurde 1980 fertiggestellt. Bis jetzt sind auf diesen beiden Linien 1,6 Millionen Vorderachsen geschlagen worden; zu den Abnehmern gehören nicht nur die europäischen, sondern auch US-amerikanische Nutzfahrzeughersteller.

Manipulator der Automation und Steuerungstechnik GmbH in der Schmiede des Werks Rothenditmold

Vom Zwölfpfünder zum „Fuchs"
Ein Beitrag zur Wehrtechnik: 1795–1985

Die Bezeichnung „Landesherrliche Stückgießerei" stand zur Zeit der ersten Kasseler Henschels für eine Einrichtung, die wir heute mit „Staatliche Kanonenfabrik" bezeichnen würden. Der Landesherr sicherte sich die Kenntnisse eines tüchtigen Gießermeisters, um gegenüber seinen feindlichen Nachbarn einen wehrtechnischen Vorsprung zu bekommen und zu behaupten. Der Stückgießer hatte zwar freies Wohnen, wurde aber nur für jeden Auftrag einzeln bezahlt. Mißlang der Guß oder wurde das Geschützrohr durch die Bearbeitung unbrauchbar, mußte der Stückgießer mindestens die Hälfte der Kosten tragen. Der freie Wettbewerb in der Wehrtechnik über Landesgrenzen hinweg, wie er in einigen Ländern heute anzutreffen ist, war nicht immer selbstverständlich und ist es auch in diesem Jahrhundert noch längst nicht.

Das alte Gießergeschlecht der Henschels ist gleichzeitig ein ebenso altes Geschlecht von Geschützgießern. Schon der erste nachweisbare Henschel, Rotgießermeister Johannes, hatte in Mainz für den Grafen Wilhelm zu Solms 1634 „all Unsre metallen Stück ... auff formb Vnnd maß ... auff Zierlichst vnndt Vleisigst" zu gießen. In Kassel wurde Georg Christian Carl Henschel 1795 vom Landgrafen zum alleinigen Stückgießer bestellt. In kriegerischen Zeiten mochte man davon leben können, in friedlichen Zeiten sicherlich kaum. So kam zum Guß von Kanonen der Guß von Glocken. Vielleicht ist es für den Stand der Technik in der Landgräflichen Stückgießerei bezeichnend, daß 1720 der damalige Meister Keller zum ersten Mal Geschützrohre massiv goß und auf einer Vertikalbohrmaschine die Kerne in einem Stück ausbohrte. Bei einem massiv gegossenen Rohling war das Gefüge sehr viel gleichmäßiger. Das spanende Bohren nahm mehr Zeit in Anspruch und war weniger präzise als das Kernbohren. Henschels Schwiegervater Storck hat 1766 eine verbesserte Kernbohrmaschine als Meisterstück gebaut.

Inneres einer französischen Geschützgießerei in der zweiten Hälfte des 18. Jahrhunderts mit Schmelzofen (links), Gießgrube und senkrecht arbeitender Geschützbohrmaschine (rechts)

Das letzte Jahrzehnt des 18. Jahrhunderts stand im Zeichen der Napoleonischen Angriffskriege. Auch Kurhessen mußte rüsten. 1797 wurden bei Henschel zwei siebenpfündige, 10 sechspfündige, 14 dreipfündige Kanonenrohre*) und schließlich ein zweipfündiges gegossen. Welche Leistung damit verbunden war, geht aus Georg Christian Carl Henschels Tagebuch von 1800 hervor. Am 8. Oktober erhielt er die Zeichnung für einen „leichten 3-pfünder", für den sechs Rohre bis Jahresende geliefert werden sollten. Am 16. Dezember waren die Modelle und Formteile angefertigt. Das Vorbereiten der Gießgrube und das Einbauen der Formen verlangte drei Tage. Zehneinhalb Stunden wurde geschmolzen; der Guß selbst war Minutensache und verlief ohne Schwierigkeiten. Drei Tage blieben die Rohgüsse in der Grube, und am 23. Dezember, also nach elf Wochen, konnte Henschel die sechs Rohre aus der Grube heben. Erleichtert schreibt er: „Sie waren alle recht gut gerathen ... Der Himmel laße uns ebenso vergnügt fernerhin unsere Geschäfte verrichten".
1803 entstand bei Henschel ein Sechspfünder, der sich bis zum Ende des Zweiten Weltkriegs erhalten hat. Er wurde von den Franzosen 1806 erbeutet und nach Paris geschickt. Dort fanden ihn die preußischen Truppen 1814 und schafften ihn nach Berlin. 1871 wurde das Geschütz in der Ruine der Rudelsburg (bei Bad Kösen) aufgestellt,

Sechspfünder auf der Rudelsburg. Gegossen 1803

vielleicht in Verbindung mit einem Denkmal, das die deutschen Corps-Studenten in jenem Jahr dort errichtet hatten. Wohl zum Ausgleich der Verluste an Geschützen im Krieg hatte Georg Christian Carl Henschel 1814 acht Sechspfünder-Kanonen und vier Siebenpfünder-Haubitzrohre zu liefern, die mit markig-grimmigen Sprüchen, zum Teil aus der Feder von Wilhelm Grimm, verziert wurden: „Der Löw' ist wach für deutsche Sach'".

*) „Dreipfündige Geschütze" oder „Dreipfünder" konnten drei Pfund schwere Kugeln verschießen.

1826 ist noch einmal von einer größeren Zahl von Kanonen, Haubitzen und Mörsern für die Artillerie des Herzogtums Nassau die Rede, und 1839 berichtet ein preußischer Oberst verwundert, daß in Kassel ein Sechspfünder für die Armee des Königreichs Hannover gegossen worden sei, obgleich das Land doch eine eigene Stückgießerei habe. Doch in Hannover konnte man das Rohr nicht „vorwärts und rückwärts abdrehen", wie in Kassel, wo es so glatt bearbeitet worden war, schreibt der Chronist, „was ich selbst in Wien nicht schöner gesehen habe". Der Guß von Kanonenrohren wie der Glockenguß wurden bei Henschel schließlich völlig eingestellt, nachdem Alfred Krupp in Essen und Jacob Mayer mit Eduard Kühne in Bochum um die Mitte des vorigen Jahrhunderts beweisen konnten, daß der Stahlguß ungleich günstigere Eigenschaften hatte als der Bronzeguß.
Aus der Kanonenrohr-Bearbeitung war Henschel zunächst jedoch noch nicht völlig heraus. Der Bochumer Verein, die Firma von Mayer und Kühne, ließ in den für das Stahlguß-Kanonenrohr entscheidenden Jahren 1859/61 – das preußische Heer hatte die ersten dieser neuen Rohre bestellt – einige Rohr-Rohlinge in Kassel bearbeiten. Das Rohgewicht eines 12-Pfünder-Rohrs lag zwischen 1 470 und 1 510 Pfund; das fertig bearbeitete Rohr wog 1 320½ Pfund. Das Abdrehen kostete bei Zwölfpfündern 212 Taler, bei Sechspfündern nur 85 Taler.
Bei der Vielseitigkeit der handwerklichen Möglichkeiten in der Henschelschen Werkstatt war es natürlich selbstverständlich, daß dort auch Reparaturen für das hessische Militär ausgeführt wurden. Als Kunden traten in den Kommissionsbüchern das Leibregiment und die Artillerie-Brigade in Kassel, die Infanterieregimenter in Fulda und Hanau in Erscheinung. „Zielmaschinen" wurden mehrfach bestellt, aber auch „Arme zu Zielmaschinen", denn es wurden offenbar nicht immer nur die Zielscheiben getroffen. Grobe Gußware stellte das Militär wohl billiger selbst her: Zum Gießen von Musketenkugeln durfte Henschel die Gießformen anfertigen; den Guß besorgten die Soldaten in den Kasernen.
1844 gab es einen Forschungs- und Entwicklungsauftrag über „Argentan-Versuche zu Probehelmen für die Kavallerie". Daß Henschels „Nickelfabrik" hinter dem Gießhaus, die 1836 vom Feuer verschont geblieben war, für die Argentan-Herstellung eine gewisse Bedeutung gehabt hat, ist zu vermuten. Wahrscheinlich spielten Preis und leichteres Putzen des Neusilbers gegenüber dem herkömmlichen Silber eine größere Rolle als die Materialeigenschaften. Der Glanz der Uniformen trug ja schon immer zum Ansehen eines ganzen Landes bei.
Als die Fabrik am Möncheberg endgültig ausgebaut war, war man 1841 über einen Auftrag auf 2 000 Gewehre, der die Menschen und Maschinen fast ausschließlich beschäftigte, sehr froh. Der Oberbergrat müßte ein schlechter Unternehmer gewesen sein, wenn er sich nicht die

doppelte Auftragshöhe gewünscht hätte, „da die Vorkehrungen viel gekostet hatten". Wohl im Zusammenhang mit den Anfängen des Werkzeugmaschinenbaus begann um diese Zeit auch die Fertigung von Ausbohrbänken und Fräsmaschinen für Gewehrläufe und Kanonenrohre – Produkte, für die sich vor allem in Österreich, Rußland, England und Italien Abnehmer fanden.
Daß Henschel & Sohn für die Kasernen der hessischen Garnisonen als Gießerei und Werkstatt tätig war, versteht sich von selbst. Dabei handelte es sich keineswegs ausschließlich nur um militärische Aufträge wie neue Zündstollen, Hilfeleistungen bei Schießversuchen oder das Bearbeiten eines einzelnen Gewehrlaufs. Fast zivil ging es bei Bestellungen der Kurfürstlichen Militärbäckerei zu, die ihren Ersatzbedarf an durchgebrannten Ofentüren oder Roststäben aus der Henschelschen Gießerei bezog. Ähnliche Teile wurden auch für die Kurfürstliche Hofbau-Direktion oder für die Gas-Bereitungs-Anstalt hergestellt. Ob man dagegen die 64 Paar gußeisernen Hanteln, die die Kurfürstliche Artillerie-Brigade bestellte, zum zivilen oder zum militärischen Lieferprogramm zählen mag, sei dahingestellt. Immerhin müssen die Soldaten kräftige Burschen gewesen sein, denn das Gewicht einer Hantel lag bei 6, 9 oder 12 Pfund. Dieser Auftrag kam nicht völlig überraschend: Zuerst bestellte ein Leutnant privat ein Paar Hanteln. Einen Monat später folgten zwei Leutnants, die sich wohl auch dem Hantelsport verschrieben hatten. Nach vier Monaten erteilte die Artillerie-Brigade einen Probeauftrag auf zwei Paar, und nach weiteren vier Wochen kam es dann zum „Großauftrag". Leider sind die Ergebnisse dieser militärfiskalischen Investition für den Kraftsport nicht überliefert worden.
1915 bot die Firma dem Kriegsministerium ihre Kapazität zum Bau von Geschützen an und bestellte dafür bereits Spezialmaschinen. Da der Generalstab ein baldiges Ende des Krieges erwartete, wurde von dem Vorschlag kein Gebrauch gemacht. Vielleicht hatte sich Carl Anton Theodor Henschel aber auch nicht energisch genug bemüht, Aufträge für schweres Kriegsgerät zu erhalten. Andere Firmen, die ihrer maschinellen Ausstattung und ihrer Erfahrung nach viel weniger als die Kasseler Werke für die Rüstungsfertigung geeignet waren, wurden sehr früh in die Kriegsproduktion einbezogen. Jedoch stellte Henschel Geschosse, Zünder und 3 000 Munitionswagen her.
Erst 1917 erfolgte ein Staatsauftrag, Geschütze zu entwickeln. Das Hindenburg-Programm von 1916 hatte unter dem Eindruck der militärischen Überlegenheit der Alliierten u. a. vorgesehen, die Geschützfertigung in Deutschland zu verdreifachen. Für die noch gar nicht vorhandene Produktion wurde in Kassel ein völlig neues Werk gebaut – der ältere Teil des Werks Mittelfeld. In Heckershausen, nördlich von Kassel, legte man einen Schießplatz an. Die Geschütz- und Ersatzrohre kamen vorgebohrt, vorgedreht und vergütet von der Henrichshütte. Bis zum Kriegsende wurden 1 200 Rohre bearbeitet und angeschossen. Außerdem beschäftigte man sich mit dem Umbau von Maschinenkanonen zu Flugabwehrgeschützen und der Umrüstung von Beutegeschützen auf deutsche Verhältnisse. Eine eigene Geschützkonstruktion war inzwischen auch eingerichtet worden, jedoch kam es nur noch zur Ablieferung von zwei Prototypen eines Flugabwehr-Eisenbahngeschützes.

Flugabwehr-Eisenbahngeschütz (Prototyp). 1918

Immerhin mußte das junge Werk Mittelfeld als Rüstungsbetrieb sehr bald eine gewisse Bedeutung erlangt haben: Am 31. August 1918 besuchte Kaiser Wilhelm II. die Henschelschen Werke und zeichnete eine Reihe von Mitarbeitern mit dem Verdienstkreuz für Kriegshilfe aus. Er war allerdings deshalb nicht eigens nach Kassel gekommen, sondern erholte sich auf Schloß Wilhelmshöhe, da er sich nach den August-Ereignissen an der Westfront „in einer labilen gesundheitlichen und psychischen Situation befand". Oberste Heeresleitung und Reichstag in Berlin waren mächtiger geworden und hatten ihm nur noch die Aufgabe zugeteilt, „die auseinanderstrebenden Kräfte von Volk und Heer" zusammenzuhalten. „Empfangsfeierlichkeiten und Ansprachen waren auf besonderen Wunsch des Kaisers unterblieben, da er den Betrieb gern während der Arbeit sehen wollte", heißt es in einem Bericht.
Der Vertrag von Versailles bedeutete das Ende der Produktion von Kriegsmaterial in Deutschland. Die deutsche Schwerindustrie mußte sich auf zivile Fertigungen umstellen. Krupp begann mit dem Bau von Dampflokomotiven, Henschel etwas später mit Lastwagen und Omnibussen. Doch gab es schon während der Weimarer Republik hinsichtlich der Rüstungsfertigung erste Verbindungen mit dem Heereswaffenamt der Reichswehr. Henschel & Sohn stand – ausdrücklich als Lokomotivfabrik bezeichnet – als möglicher Lieferant „harter Rüstungsgüter" in der Firmenkartei dieser Behörde. An den Vorarbeiten für einen leichten Panzerwagen, den die Maschinenfabrik Krupp Gruson 1928 vorstellte, war Henschel & Sohn bereits beteiligt. 1933 kam der erste Entwicklungsauftrag für den leichten Panzerkampfwagen I, der der Reichswehr zur Ausbildung die-

nen sollte, ein Jahr später folgte ein gleicher Entwicklungsauftrag für den Panzerkampfwagen II. Inzwischen hatte die Produktion des Panzerkampfwagens I mit einer Serie von 150 Stück begonnen.
Die Einführung der allgemeinen Wehrpflicht in Deutschland 1935 und Hitlers geheime Denkschrift von 1936, in der innerhalb von vier Jahren die Einsatzfähigkeit der deutschen Armee und die „Kriegsfähigkeit" der deutschen Wirtschaft gefordert wurde, führten zu einem deutlichen Ansteigen der Rüstungsanstrengungen. Henschel wurde, wie etwa 2 800 andere Werke „R-Betrieb" (Rüstungsbetrieb) und unterlag damit dem Rüstungsprogramm der Wehrmacht. 1937 kam der Auftrag, ein schweres gepanzertes Fahrzeug mit einem Gewicht von 30 t als „Durchbruchwagen" zu entwickeln. Der „DW 1" hatte noch eine zweiteilige Wanne. Das Heck war mit einer Schraubenverbindung angesetzt, da die Walzwerke damals nicht in der Lage waren, geeignete Bleche entsprechender Länge herzustellen. Dieser Mangel konnte jedoch bald behoben werden. Aus dem DW1 entwickelte sich in vielen Einzelschritten ab 1941 der „Tiger" mit seinen zahlreichen Varianten.
Ende 1942 wurde die Nutzfahrzeugproduktion aus dem Werk Mittelfeld nach Wien verlagert. In diesem Jahr entstanden in Kassel 78 Tiger I (58 t); davon wurden bis Ende 1944 insgesamt 1 348 Stück gebaut. Vom 70 t schweren Tiger II („Königstiger") wurden 480 Stück gefertigt, davon trotz schwerster Zerstörungen im Werk Mittelfeld nach einem Luftangriff Anfang Oktober 1944 im Dezember schon wieder 60 und von Januar bis März 1945 noch 100 Stück.

Panzerkampfwagen Tiger II („Königstiger"). Gebaut 1944/45

Der „Tiger" erreichte rasch einen legendären Ruf. Die Kriegsgeschichtsschreibung hat noch nicht endgültig entschieden, ob dieser gerechtfertigt war. Immerhin verlangten Truppenoffiziere noch im Februar 1945 statt des schweren „Tiger" einen 35-t-Panzer, den Henschel schnellstens aus bereits erprobten Teilen herstellen sollte. Jedoch wurden schon seit der Landung der Alliierten Neuentwicklungen nicht mehr ernstlich verfolgt und der Panzerbau Ende März 1945 ganz eingestellt. Für die Brennstoffsituation im Reich war es bezeichnend, daß schon von 1942 an Panzer bei Ersatztruppenteilen und zur Ausbildung versuchsweise auf Propangas und sogar auf Holzgas umgestellt wurden. Weit kam man allerdings mit diesen Experimenten nicht: Im dritten Gang blieb das Fahrzeug stehen. Auch die Erfahrungen mit dem Doble-Dampfmotor sollten genutzt werden. Henschel erhielt den Auftrag, einen Gleiskettenschlepper mit Dampfantrieb zu entwickeln, der ursprünglich sogar für einen Kampfpanzer vorgesehen war; jedoch waren Dampfkessel und Kondensator so groß, daß nicht mehr genug Platz für die Panzermannschaft blieb.
Im Vergleich zur Herstellung von gepanzerten Kettenfahrzeugen war die Geschützproduktion bei Henschel im Zweiten Weltkrieg verhältnismäßig unbedeutend. Es scheint sich um reine Auftragsproduktionen ohne Eigenentwicklung gehandelt zu haben.
Nach Abschluß der Pariser Verträge wurde der Bundesrepublik 1954 der Beitritt zum Nordatlantikpakt ermöglicht. Im Rahmen dieser Allianz mußten eigene Streitkräfte aufgestellt und ausgerüstet werden. Die Erfahrungen, die Henschel im Bau von gepanzerten Fahrzeugen gesammelt hatte, wurden zunächst zur Umrüstung von Geräten anderer Nato-Partner verwendet. Außerdem wurde eine schweizerische Panzerwagenkonstruktion zur Serienreife gebracht und zusammen mit der Hanomag gefertigt.
Im Laufe der Entwicklung kam es für Henschel zu einer Konzentration auf leichtere Fahrzeuge, dessen bekanntestes der Schützenpanzer Marder wurde. Er bildet die Basis für eine moderne Kettenfahrzeugfamilie. Diese entspricht den Forderungen der Bundeswehr, eine Panzerfamilie zu entwickeln, bei der eine möglichst große Zahl von Varianten auf einen Grundtyp zurückzuführen ist. Die Entwicklung wurde 1959 von zwei Firmengruppen begonnen. Die Gruppe 1 bestand u. a. aus den Rheinstahl-Tochtergesellschaften Hanomag und Ruhrstahl. Die Gruppe 2 setzte sich aus Henschel und der Mowag zusammen. Von 1964 an trieben Henschel und Hanomag die Entwicklung gemeinsam voran.
Eine Vielzahl von Prototypen und Varianten mit den unterschiedlichsten Konzepten – 76 waren es insgesamt – wurde gebaut und erprobt. Aus der Entwicklung gingen schließlich zwei Varianten hervor: Fahrzeuge mit Triebwerk hinten und mit Triebwerk vorn. Der Jagdpanzer Kanone und der Jagdpanzer Rakete haben das Triebwerk hinten, während der Marder, von dem Henschel 1161 Stück baute, und der Flugabwehrraketenpanzer Roland mit einem Fronttriebwerk ausgestattet sind.
Auf dem Gebiet der gepanzerten Radfahrzeuge ist Thyssen Henschel der leistungsfähigste Hersteller in der Bundesrepublik Deutschland. Vom Spähpanzer Luchs baute das Unternehmen insgesamt 408 Stück und vom Transportpanzer Fuchs 996 Fahrzeuge als Generalunternehmer in Serie.

Radtransportpanzer „Fuchs“. 1979

Auch mit Eigenentwicklungen wie dem Radpanzer Condor, von dem über 500 Stück gefertigt wurden, ist das Unternehmen erfolgreich. Für eine neue Generation von Radfahrzeugen mit Einzelradaufhängung sind inzwischen neue erfolgversprechende Wege betreten worden.
Wesentliche Aktivitäten von Thyssen Henschel im Bereich Wehrtechnik sind auch die Instandsetzung, die Umrüstung und die Systemintegration.
Konstruktive und fertigungstechnische Erfahrungen beim Bau von gepanzerten Rad- und Kettenfahrzeugen werden selbstverständlich ausgetauscht. Aber auch der zivile Bereich profitiert von den Bemühungen, geeignetes Gerät für die nationale Sicherheit zu entwickeln und zu bauen. Auf der Basis der Laufwerkstechnik für Kettenfahrzeuge entstand für das Kernforschungszentrum Karlsruhe ein ferngesteuerter, unbemannter Manipulator zum Einsatz in radioaktiven Bereichen, bei Sprengsatzentschärfungen und in ähnlichen Gefahrenzonen, wenn große Hindernisse zu überwinden sind. Die Einrichtungen zur Messung elektromagnetischer Verträglichkeiten in Fahrzeugen werden von der Pkw-Industrie genutzt, um z. B. Arbeiten für ein Abstands-Radargerät oder für eine Transistorzündung voranzutreiben. Neuartige Verbindungstechniken für elektrische Leitungen, die großen Temperaturschwankungen oder starken Erschütterungen standhalten müssen, haben inzwischen auch Eingang in zivile Bereiche gefunden, in denen, wie bei Industriekranen, Baumaschinen oder schweren Fahrzeugen, ähnliche Beanspruchungen auftreten.
Die Geschichte der Technik ist zu einem Großteil Geschichte des militärischen Geräts. Für den Schutz des eigenen Landes, worunter im Laufe der Geschichte leider nicht nur Verteidigung verstanden wurde, war die neueste und beste Technik immer gerade gut genug. Die Leistungen, die bei der Entwicklung vom militärischen Gerät aufgewandt werden, sind aber auch immer wieder der zivilen Fertigung zugute gekommen. Bei Thyssen Henschel ist die wehrtechnische Tradition auch heute Verpflichtung für den technischen Fortschritt. Mit wehrtechnischen Systemen und modernen Rad- und Kettenfahrzeugen leistet das Unternehmen einen wichtigen Beitrag für die Sicherheit der Bundesrepublik Deutschland und ihrer befreundeten Nationen.

Montagestraße für gepanzerte Fahrzeuge, 1983

„Der ständige Weg in die Zukunft“

Von Dr.-Ing. Werner Bartels, Vorstandsvorsitzender der Thyssen Industrie AG

Technische Produktionen bedingen ununterbrochene Innovation. Produkte von gestern verlangt der Kunde heute wirtschaftlicher, vielseitiger verwendbar, moderner in der Form. Produktionsverfahren von heute werden schon morgen ganz anders aussehen. Verbessertes Material, neue Werkzeuge, ja schon die spontane Idee eines Mitarbeiters sorgen für ständige Veränderung. Sinnvolle Innovationen setzen dreierlei voraus: Eine solide wirtschaftliche Basis des Unternehmens, eine Tradition des technischen Wissens und Mitarbeiter, die dieses Wissen anwenden und weitergeben.

Als Werk der Thyssen-Gruppe verfügt Henschel über einen sicheren wirtschaftlichen Rückhalt. Für die technische Tradition läßt der Gang durch die Henschel-Geschichte genügend viele Beispiele erkennen. Aus Dampfkessel und Dampfmaschine wurden Dampferzeuger und Lokomotive, aus der Fabrik-Nr. 1 „Drache“ entwickelte sich die Magnetschwebebahn. Aus Dampfantrieb wurden Verbrennungsmotoren als ein Ausgangspunkt für den Bau von Fahrzeugen, aus geländegängigen Lastwagen entstanden gepanzerte Fahrzeuge für die nationale Sicherheit. Am komplexesten jedoch ist die Überlieferung im Maschinenbau, auf den schließlich alles zurückzuführen wäre: die Feuerspritze, die Pumpanlage, die zunächst für den eigenen Bedarf gebaute Werkzeugmaschine, das gegossene oder geschmiedete Ersatzstück für Getreidemühle oder Pferdegöpel, aber auch die Erfahrung des Schlossers, der ein solches Teil beim Kunden einbauen mußte. Von Anfang an baut eines auf dem anderen auf, und der Austausch von Erfahrungen aus den einzelnen Bereichen beschleunigt neue Entwicklungen, die den Anfang neuer Traditionsketten bilden. Eigenes oder als Lizenz erworbenes Know-how dient als Basis: Know-how in der Entwicklung, in der Herstellung, bei der Zusammenarbeit der Mitarbeiter, für ihre Schulung und auch für die Ausbildung junger Menschen. Alle technische Entwicklung aber ist ohne den Menschen nichts. Ihre Hauptaufgabe ist es, dem Menschen zu dienen.

Auch in den Reihen der Mitarbeiter gibt es Tradition: Trotz aller Schwierigkeiten und Veränderungen finden sich in den Werken Rothenditmold und Mittelfeld heute Henschelaner, deren Namen bereits vor fünf Generationen in den Lohn- und Gehaltslisten aufgetaucht sind. Neue Namen sind hinzugekommen, zum Teil aus anderen Ländern, denen Kassel und Henschel zur zweiten Heimat wurde, und die die Henschel-Tradition aufnehmen und fortführen werden.

Ob der ständige Weg in die Zukunft breit oder schmal ist, ob er aufwärts oder abwärts führt, hängt von vielen Faktoren ab; der wichtigste für das Unternehmen ist der Mitarbeiter. Die Tradition der technischen Erfahrung und die solide finanzielle Grundlage sind für das Unternehmen Henschel vorhanden. Mit Mitarbeitern, die ihr Unternehmen in guten wie in schlechten Zeiten begleiten, bleibt die Zukunft von Henschel gesichert.

Quellen- und Literaturverzeichnis

(Auswahl)

Hessisches Staatsarchiv Marburg. Bestand 16, Rep. VIII: Kl. 7, Kl. 11, Kl. 14

Thyssen AG, Archiv. Bestand A, Bestand RSW; Firmenschriften und Zeitungsausschnittsammlung

Thyssen Henschel. Archiv und Bibliothek. Bilanzbuch 1861–1944, Geschäftsberichte 1920 ff., Hauptbücher 1836–1842, Kommissionsbücher 1844–1847, 1858–1861, 1885–1888

Åhlander, Olof, Staat, Wirtschaft und Handelspolitik. Schweden und Deutschland 1918–1921. Lund 1983 (Lund Studies in International History. Bd. 20)

Behrens, Hedwig, Mechanikus Franz Dinnendahl (1775–1826). Köln 1970 (= Schriften zur Rheinisch-Westfälischen Wirtschaftsgeschichte. Bd. 22)

Dgl., Mechanikus Johann Dinnendahl (1780–1849). Neustadt/Aisch 1974

Borsig Lokomotiv-Werke GmbH [Hrsg.], 100 Jahre Borsig Lokomotiven 1837–1937. Berlin 1937

Brandt, Harm-Hinrich, Wirtschaftspolitik und gewerbliche Mitbeteiligung im Nordhessischen Raum 1710–1960. Diss. phil. Marburg 1960

Dgl., Die Industrie- und Handelskammer Kassel und ihre Vorläufer 1763–1963. Kassel 1963

Bulletin de la Société d'Encouragement pour l'Industrie National. Paris 34 (1835), S. 559 ff. und 44 (1845), S. 286 ff., S. 371, S. 379 ff.

Däbritz, Walther, und *Erich Metzelin,* Hundert Jahre Hanomag. Geschichte der Hannoverschen Maschinenbau-Aktien-Gesellschaft vorm. Georg Egestorff in Hannover 1835 bis 1935. Düsseldorf 1935

Ewald, Kurt, 125 Jahre Henschel. Kassel 1935

Dgl., Drei Jahre Wiederaufbau 1945–1948. Masch. Ms. Kassel 1949

Fick, F., Die Kurhessischen Eisenbahnen. Kassel 1838

Gerland, Otto, Grundlage zu einer Hessischen Gelehrten-, Schriftsteller- und Künstler-Geschichte von 1831 bis auf die neueste Zeit. Bd. 1. Kassel 1863

Heidelbach, Paul, Kassel. Ein Jahrtausend Hessischer Stadtkultur. Hrsg. Karl Kaltwasser. Kassel u. Basel o. J. [1960]

Henschel, Carl Anton, Einige Worte über Verbesserungen der Dampfmaschinen. S. 405 ff. In: Annalen der Physik und der physikalischen Chemie, Ser. 1, Bd. 61, 1819

Dgl., Neue Construction der Eisen-Bahnen und Anwendung comprimirter Luft zur Bewegung der Fuhrwerke. Kassel 1833

Dgl., Vorschlag zur Anwendung eines eisernen Seilzuges auf Eisenbahnen, als Fortsetzung des Obigen. Kassel 1833

Dgl., Beitrag zur Constructions-Verbesserung der Eisenbahnen. Kassel 1838 (= So.-Dr. aus Gewerbeblätter für Kurhessen. Kassel 1838; Forts. s. in F. Fick)

Dgl., Gedanken über den ununterbrochenen Fortgang der Schöpfung in Raum und Zeit. Kassel 1840

Dgl., Einige Worte über den mechanischen Theil der Eisenbahnen. 2 Hefte. Kassel 1844

Dgl., Einige nachträgliche Betrachtungen über die Ursachen der Explosionen der Dampferzeuger. Man. 1845. Erstveröffentlichung durch L. von Mackensen, in: Carl Anton Henschel. Erfolgreicher Eisenbahnpionier und Fabrikant. Hrsg. Stadtsparkasse Kassel. Kassel 1984

Dgl., Einige Gedanken über die Armuth der deutschen Industrie mit specieller Beziehung auf Kurhessen. Man. 1848. Erstveröffentlichung durch L. von Mackensen, in: Carl Anton Henschel. Erfolgreicher Eisenbahnpionier und Fabrikant. Hrsg. Stadtsparkasse Kassel. Kassel 1984

Dgl., Zur Aesthetik der höheren Baukunst. Kassel 1850

Dgl., Erfindung der Dampfmaschine [geschrieben 1847] S. 41 ff. In: Zeitschrift des Vereins für hessische Geschichte und Landeskunde 5 (1850)

Dgl., Das bequemste Maas- und Gewichtssystem, gegründet auf den natürlichen Schritt des Menschen. Nach Analogie des metrischen Systems und im Zusammenhange mit demselben entworfen. Kassel 1855

Dgl., Bemerkungen zu H. Chr. Oerstedts Schrift „Der Geist in der Natur". Man. 1858. Erstveröffentlichung durch L. von Mackensen, in: Carl Anton Henschel. Erfolgreicher Eisenbahnpionier und Fabrikant. Hrsg. Stadtsparkasse Kassel. Kassel 1984

Henschel, Reinhard, Gleise und Nebengleise. Bern u. München 1983

[Henschel]. Bau-, Feldbahn-, Kleinbahn- und Industrielokomotiven von Henschel. Eine eisenbahngeschichtliche Dokumentation. (Nachdr. des Sonderkatalogs von 1936, eingel. und hrsg. von Karl Rainer Repetzki.) Moers 1982

Henschel Hefte. 1 (1930) – 10 (1939)

Henschel heute. 1 (1964) – 5 (1968)

Henschel Mitarbeiterbrief 1 (1979) ff.

Henschel-Nachrichten. 1956–1962

[Henschel & Sohn] [Hrsg.], Zur Vollendung der 5 000sten Lokomotive und der ersten 50 Jahre des Lokomotivbaues in der Fabrik von Henschel & Sohn. Kassel 1899

Dgl., Denkschrift aus Anlaß des hundertjährigen Bestehens der Maschinen- und Lokomotivfabrik Henschel & Sohn, Cassel, und der Vollendung der Lokomotive Fabriknummer 10 000. Kassel 1910

Henschel & Sohn AG [Hrsg.], Die Feier des 125jährigen Bestehens der Firma Henschel & Sohn am 27. und 28. September 1935. Kassel 1935

Henschel & Sohn GmbH, Des Lokomotiv-Ingenieurs Taschenbuch. Zur Erinnerung an die Fertigstellung der 20 000. Lokomotive. Kassel 1923

Dgl., Henschel-Lokomotiven. Anläßlich der Übergabe der 25 000sten Henschel-Lokomotive überreicht von Henschel & Sohn GmbH. Kassel o. J. [1941]

Dgl., 100 Jahre Henschel Lokomotiven. Kassel 1948

Henschel-Werke AG [Hrsg.], Das ist Henschel. o. O. [Kassel] o. J. [1962]

Henschel-Werke GmbH [Hrsg.], 1. Mai 1953. Bundespräsident Prof. Dr. Theodor Heuss besucht die Henschel-Werke. Kassel, o. J. [1953]

Dgl., Henschel heute. Produktionsstätten und Erzeugnisse in Bildberichten. Hrsg. zum 150jährigen Firmen-Jubiläum 1810–1960. Kassel o. J. [1960]

Der Henschelstern. Werkszeitschrift für alle Henschel-Betriebe und deren Tochtergesellschaften. Hrsg. Henschel & Sohn AG resp. Henschel & Sohn GmbH (ab 2, [1937]) resp. Henschel-Werke GmbH (ab 1956) resp. Henschel-Werke AG (ab 1962), 1 (1936) – 8 (1943), 1956–1963

Hessisches Hauptstaatsarchiv Wiesbaden [Hrsg.], Von der Manufaktur zur Fabrik. Anfänge der Industrialisierung in Hessen. Ausstellung der Hessischen Staatsarchive. o. O. [Wiesbaden] o. J. [1982]

Holtmeyer, Alois, Die Bau- und Kunstdenkmäler im Regierungsbezirk Cassel. Bd. VI: Kreis Cassel-Stadt. Kassel 1923

Kademann, Siegfried, Die Entwicklung des Henschel Lokomotivbaus in Schwerpunkten. In: Rheinstahl Technik 11 (1973), S. 12 ff.

Kieckebusch, Werner v., Geschichte des Kurhessischen Geschlechtes Henschel. Kassel 1931

Kirchner, Lina Ingeborg, Die industrielle Entwicklung der Stadt Kassel von 1866 bis 1914. Diss. phil. Köln 1921

Krauss & Comp. – J. A. Maffei AG [Hrsg.], 100 Jahre Krauss-Maffei 1837–1937. München o. J. [1937]

[Krupp], Krupp im Dienste der Dampflokomotive (Nachdr. der Veröffentlichung von 1940, eingel. und erw. von Karl Rainer Repetzki). Moers 1981

Lobe, G. A., Wanderungen durch Kassel und die Umgegend. Kassel 1837

London Exhibition 1862. Special Catalogue of the Zollverein-Department. Berlin 1862

Losch, Philipp, Geschichte des Kurfürstentums Hessen 1803 bis 1866. Marburg 1926

Mackensen, Ludolf von, Carl Anton Henschel. S. 7 ff. in: Carl Anton Henschel. Erfolgreicher Eisenbahnpionier und Fabrikant. Hrsg. Stadtsparkasse Kassel. Kassel 1984

Magazin der neuesten Erfindungen, Entdeckungen und Verbesserungen. N. F. 1, (1809) ff.

Martin, Karl, Die deutsche Lokomotivindustrie. Berlin 1930

Matschoss, Conrad, Die Entwicklung der Dampfmaschine. 2 Bde. Berlin 1908

Dgl., Männer der Technik. Ein biographisches Handbuch. Berlin 1925, Nachdruck Düsseldorf 1985

Dgl., Große Ingenieure. Lebensbeschreibungen aus der Geschichte der Technik. 4. Aufl. München 1954

Mauersberg, Hans, Deutsche Industrie im Zeitgeschehen eines Jahrhunderts. Stuttgart 1966

Mayer, Arthur von, Geschichte und Geographie der deutschen Eisenbahnen. Berlin 1891 (Nachdruck Moers 1984)

Meinhold, Willy, Das Kurhessische Industriegeschlecht Henschel. In: Lebensbilder aus Kurhessen und Waldeck 1830–1930. Hrsg. Ingeborg Schmack. Bd. 3. Marburg 1942 (= Veröffentlichungen der Historischen Kommission für Hessen und Waldeck. Bd. 20)

Messerschmidt, Wolfgang, Taschenbuch Deutsche Lokomotivfabriken. Stuttgart 1977

Dgl. und *Siegfried Kademann,* Henschel Lokomotiven 1848–1985. Moers 1985

Möker, Ulrich, Nordhessen im Zeitalter der Industriellen Revolution. Köln, Wien 1977 (= Neue Wirtschaftsgeschichte. Bd. 13)

Mommertz, Karl Heinz, Bohren, Drehen und Fräsen. Geschichte der Werkzeugmaschinen. Reinbek 1981

Monatsblatt des Großherzoglichen Hessischen Gewerbevereins 1 (1838) ff.

Moyé, E., Gießhaus-Geschichten. Man. (Kopie). Kassel 1889

Müller, Fr., Kassel seit siebzig Jahren, zugleich auch Hessen unter vier Regierungen. 2 Bde. Kassel 1876 und 1879

Nachtweh, Alwin, Georg Egestorff. S. 97 ff. in: Beiträge zur Geschichte der Technik und Industrie. Jahrbuch des Vereins Deutscher Ingenieure. 11 (1921)

Petzina, Dieter, Autarkiepolitik im Dritten Reich. Stuttgart 1968 (= Schriftenreihe der Vierteljahreshefte für Zeitgeschichte. Bd. 16)

Polytechnisches Journal. Hrsg. von Dingler. 1 (1820) ff.

Rinne, Will, Die Ruhrstahl AG Witten. Die Entwicklung der Ruhrstahl AG und ihrer sechs Werke. Masch. Man. o. O. [Witten], 1937

Roosen, Richard, Ein Leben für die Lokomotive. Aus den Erinnerungen eines Dampflokomotiv- und Maschineningenieurs. Stuttgart 1976

Seib, Gerhard, Studien zur Geschichte der Industriearchitektur in Hessen (I) – Das Gießhaus der Firma Henschel in Kassel. S. 44 ff. in: Hessische Heimat 23 (1973)

Severin, Beiträge zur Kenntniß der Dampfmaschine. In: Abhandlungen der Königlichen Technischen Deputation für Gewerbe. Erster Theil. Berlin 1826

Spielberger, Walter J., Der Panzerkampfwagen Tiger und seine Abarten. Stuttgart 1977 (= Militärfahrzeuge. Bd. 7)

Summa, Rudolf, Kasseler Unterschichten im Zeitalter der Industrialisierung. Darmstadt, Marburg 1978 (= Quellen und Forschungen zur hessischen Geschichte. Bd. 34)

Thomas, Georg, Geschichte der deutschen Wehr- und Rüstungswirtschaft 1918–1943/45. Hrsg. Wolfgang Birkenfeld. Boppard 1966 (= Schriften des Bundesarchivs. Bd. 14)

Treue, Wilhelm, Henschel & Sohn. Ein deutsches Lokomotivbau-Unternehmen 1860–1912. In: Tradition 19 (1974) S. 3 ff. und 20 (1975) S. 3 ff.

Troitzsch, Ulrich, und *Wolfhard Weber,* Die Technik. Von den Anfängen bis zur Gegenwart. Braunschweig 1982

Troß, Arnold, Der Aufbau der Eisen- und eisenverarbeitenden Industrie-Konzerne Deutschlands. Berlin 1923

Wagenblass, Horst, Der Eisenbahnbau und das Wachstum der deutschen Eisen- und Maschinenbauindustrie 1835–1860. Stuttgart 1973 (= Forschungen zur Sozial- und Wirtschaftsgeschichte. Bd. 18)

Wegner, Karl-Hermann, Die Bedeutung der Familie und Firma Henschel. S. 59 ff. in: Carl Anton Henschel. Erfolgreicher Eisenbahnpionier und Fabrikant. Hrsg. Stadtsparkasse Kassel. Kassel 1984

Wuppermann, Carl Wilhelm, Kurhessen seit den Freiheitskriegen. Kassel 1850

Zeittafel

1777	Georg Christian Carl Henschel (1759–1835) kommt nach Kassel.	Eröffnung der Akademie der bildenden Künste in Kassel.
1779		Gründung des Lyceums Fridericianum als Höhere Schule und Eröffnung des Museums Fridericianum in Kassel. Erste gußeiserne Bogenbrücke bei Coalbrookdale (England).
1780	Georg Christian Carl Henschel heiratet Christine Wilhelmine Friedericke Storck (1759–1832).	
1782		Commerz-Colleg, 1760 vom Landgrafen berufen, nimmt in Kassel erneut seine Tätigkeit auf. Doppelt wirkende Dampfmaschine (J. Watt).
1783		Puddelverfahren für die Stahlerzeugung. Erste Ballonaufstiege.
1785	Johann Friedrich Anton Storck (1725–1793) und Georg Christian Carl Henschel erhalten Privileg auf Kanonen, Glocken, Feuerspritzen.	Regierungsantritt von Wilhelm IX., Landgraf von Hessen-Kassel (1743–1821). Erste in Deutschland gebaute Dampfmaschine nach Watts Vorbild in Hettstedt. Bau von Dampfwagen in England.
1788	Erste belegbare Lieferung einer Henschel-Feuerspritze.	
1794		Allgemeines Landrecht für die preußischen Staaten tritt in Kraft.
1795	Familie Henschel zieht in das staatliche Gießhaus. Georg Christian Carl Henschel wird alleiniger gräflicher Stückgießer.	
1796	Georg Christian Carl Henschel wird Herrschaftlicher Brunnenleiter. Georg Christian Carl Henschel baut das erste deutsche Bleiwalzwerk für die eigene Werkstatt.	Hydraulische Presse.
1797	Carl Anton Henschel (1780–1861) beginnt Ausbildung im technischen Staatsdienst.	Leitspindeldrehbank.
1798		Schloß Wilhelmshöhe fertiggestellt. Forderung einer Geburtenbeschränkung wegen Gefahr der Übervölkerung (T. R. Malthus). Hochdruck-Dampfmaschine (R. Trevithick). Fabrik von Boulton & Watt in Soho erhält Gasbeleuchtung.
1799	Georg Christian Carl Henschel erwirbt das Freyhaus. Johann Werner Henschel (1782–1850) legt Gesellenprüfung als Rot-, Stück- und Glockengießer ab. Beginn der Herstellung von „Dachbley“ (Bleiblech).	Eröffnung der Bürgerschule (später Realschule) in Kassel. Napoleon Bonaparte wird 1. Konsul in Frankreich. Erstes elektrisches Element (A. Volta).

1800	Saug- und Druckpumpwerk von Carl Anton Henschel für die Landgräfliche Saline Sooden bei Allendorf.	
1801	Antrag auf Privileg für hydraulische Pressen.	
1802		Straßendampfwagen in England (R. Trevithick).
1803	Carl Anton Henschel wird fest in den Staatsdienst übernommen, heiratet Maria Katharine Kröschel (1783–1857) und geht als Kurfürstlicher Baumeister nach Schmalkalden. Carl Anton Henschel legt Entwurf für einen Straßendampfwagen vor. Erste Versuche, kleine Dampfmaschinen zu bauen.	Hessen-Kassel wird Kurfürstentum. Dampflokomotive für eine Zechenbahn (R. Trevithick).
1805	Johann Werner Henschel studiert an der Kunstakademie Paris. Privileg auf Geschütze, Feuerspritzen, Pumpen, Metallgußwaren, Bleiarbeiten und Maschinen für Georg Christian Carl und Johann Werner Henschel.	
1806		Besetzung Kassels durch die Franzosen. Einführung der Gewerbefreiheit in Hessen-Kassel.
1807		Kassel wird Hauptstadt des von Napoleon gegründeten Königreichs Westphalen unter König Jérôme. Seitenraddampfer.
1808	Carl Anton Henschel wird Königlich-Sächsischer Salinenbaumeister in Kösen. Das Königlich-Westphälische Kriegsministerium bestätigt Georg Christian Carl Henschel als Stückgießer.	
1810	Carl Anton Henschel wird Königlich-Westphälischer Ingénieur des Mines Erster Klasse in Karlshafen. Johann Werner Henschel kehrt nach Kassel zurück und wird im Unternehmen des Vaters tätig. Georg Christian Carl Henschel wird am 28. Juni aus der Staatlichen Stückgießerei ausgewiesen und gründet im benachbarten Freyhaus ein eigenes Unternehmen.	Gewerbefreiheit und allgemeine Gewerbesteuer in Preußen eingeführt. Künstlicher Straßenbelag (J. L. MacAdam).
1811		Hardenbergsche Reformen heben Zunftzwang und Frondienst in Preußen auf. Fried. Krupp gründet Gußstahlfabrik in Essen.
1813	Kurfürst Wilhelm I. setzt Georg Christian Carl Henschel in die alten Rechte ein; die Familie zieht in das Gießhaus zurück. Neben der staatlichen Tätigkeit werden Gießerei und Werkstatt im Freyhaus auf eigene Rechnung weitergeführt.	Vertreibung der Franzosen aus Kassel durch den russischen General Tschernischew. Kurfürst Wilhelm I. kehrt nach der Völkerschlacht nach Kassel zurück. Wiedereinführung des Zunftzwangs in Kurhessen.
1814	Carl Anton Henschel geht als Kurfürstlicher Bauinspektor nach Sooden.	J. und W. Grimm werden Bibliothekare an der Landesbibliothek Kassel. Dampflokomotive für eine Zechenbahn (G. Stephenson). Erste Gasfabrik und Gas-Straßenbeleuchtung in London.

1815	Carl Anton Henschel erhält zusätzlich Oberaufsicht über Kurhessische Salinen Schmalkalden, Karlshafen und Rodenberg.	
1816	Carl Anton Henschel erhält Privileg für Hochdruck-Dampfmaschine und baut Modell für die Maschinenteile eines Dampfwagens.	Fabrikanten werden in Kurhessen vom Zunftzwang ausgenommen.
1817	Carl Anton Henschel erhält Teilurlaub aus dem Staatsdienst und tritt in die väterliche Werkstatt ein. Kurfürstliches Privileg zum Bau einer Dampfmaschinenfabrik. Henschel-Dampfkessel mit senkrecht stehenden Rohren. Erste hydraulische Presse in Deutschland von Henschel.	Laufrad „Draisine".
1818		Aufhebung der Binnenzölle und Einführung des Freihandels in Preußen.
1819	Carl Anton Henschel veröffentlicht „Einige Worte über Verbesserungen der Dampfmaschinen".	Wiedereinführung der Pressezensur in Deutschland.
1821	Carl Anton Henschel wird zum Assessor mit Stimme bei der Ober-Berg- und Salzwerksdirektion ernannt.	Regierungsantritt von Wilhelm II., Kurfürst von Hessen-Kassel (1777–1847). „Handels- und Gewerbs-Verein" für Kurhessen gegründet.
1822	Carl Anton Henschel schlägt Bau einer Schienen-Pferdebahn zwischen Bremen und Frankfurt (Main) vor und entwirft eine Drahtseil-Förderbahn für ein Bergwerk.	L. Spohr (1784–1859) wirkt als Kurfürstlicher Kapellmeister bis zu seinem Tode in Kassel.
1824		Erste europäische Lokomotivfabrik Stephenson, Peerse & Richardson in Newcastle (England) gegründet.
1825	Produktionsbeginn von gezogenen Bleirohren.	Erste Veröffentlichung in Preußen zum Thema „Eisenbahnen (Railroads)" (F. Harkort). Erste Eisenbahnlinie Stockton-Darlington (England). Erste deutsche Gasfabrik nach englischem Vorbild in Hannover.
1826	Johann Werner Henschel tritt aus der väterlichen Firma aus.	
1827		Vorführung einer Probe-Eisenbahn durch F. Harkort in Wuppertal. „Denkschrift über die Vorteile der Eisenbahnanlage" (F. Harkort). Überdruck-Wasserturbine „Kreiselrad" (B. Fourneyron).
1828		Mitteldeutscher Handelsverein gegründet (mit Kurhessen, Sachsen, Hannover u. a.).
1829	Bezeichnung „Henschel & Sohn" erscheint zum ersten Mal. Bau von Henschel-Hochdruck-Dampfmaschinen.	Stephensons Dampflokomotive gewinnt das entscheidende „Wettrennen".
1830		Kurprinz Friedrich Wilhelm (1802–1875) wird Mitregent des Kurfürstentums Hessen-Kassel.

1831	Carl Anton Henschel macht Versuche mit Kohlenstaubfeuerung.	Kurhessen schließt sich dem Preußisch-Hessischen Zollverein an.
1832	Carl Anton Henschel wird zum Oberbergrat ernannt. Carl Anton Henschel reist nach England. Johann Werner Henschel wird zum Professor an der Kasseler Kunstakademie ernannt.	Kurhessische Stände regen Gründung eines Vereins für die Anlage von Eisenbahnen in Kurhessen an. Gründung der Städtischen Sparkasse Kassel. Gründung der Polytechnischen Schule, der späteren Baugewerkschule in Kassel.
1833	Carl Anton Henschel veröffentlicht Vorschläge zum Antrieb von Eisenbahnen mit Druckluft und mit Hilfe eines Seilzugs.	Gründung des Deutschen Zollvereins zum 1. Januar 1834. „Über ein sächsisches Eisenbahnsystem als Grundlage eines allgemeinen deutschen Eisenbahnsystems" (F. List). „Die Eisenbahn von Minden nach Köln" (F. Harkort).
1835	Beginn des Fabrikneubaus am Möncheberg.	Erste Eisenbahnlinie (Nürnberg-Fürth) auf deutschem Boden. Georg Egestorff gründet „Gießerey und Maschinenfabrik zu Linden vor Hannover" (Gründungsfirma der späteren Hanomag).
1836	Georg Alexander Carl Henschel (1810–1860) tritt als Teilhaber ein. Brand des alten Gießhauses.	Bau des Ständehauses in Kassel.
1837	Carl Anton Henschel beteiligt sich am Wettbewerb der Société d'Encouragement pour l'Industrie Nationale, Paris. Carl Anton Henschel verbessert das Fourneyronsche Kreiselrad.	Eröffnung der Eisenbahnlinie Leipzig-Dresden. August Borsig gründet eine Gießerei- und Maschinenfabrik in Berlin. J. A. Maffei erwirbt einen Dampfhammer bei München. Schreibtelegraph.
1838	Carl Anton Henschel veröffentlicht „Beitrag zur Constructions-Verbesserung der Eisenbahnen".	Die Actien-Maschinenfabrik Übigau bei Dresden liefert die erste in Deutschland gebaute Lokomotive.
1839	Guß des Bonifatius-Denkmals von Johann Werner Henschel für Fulda im neuen Gießhaus am Möncheberg.	Erste Große Gewerbeausstellung in Kassel. Karusselldrehbank.
1840	Carl Anton Henschel veröffentlicht „Gedanken über den ununterbrochenen Fortgang der Schöpfung in Raum und Zeit". Beginn des Werkzeugmaschinenbaus.	Erste Arbeiterbildungsvereine in Deutschland. Vorschläge zur Einführung des Kunstdüngers (J. Liebig).
1841		Erste Borsig-Lokomotive. Erste verbilligte Gesellschaftsreise (Th. Cook). Einheitliches Gewindesystem für Schrauben (J. Whitworth).
1843	Johann Werner Henschel verläßt Kassel und lebt bis zu seinem Tode (1850) in Italien. Lieferung einer Henschel-Dampfmaschine für das erste Fulda-Dampfschiff.	
1844	Carl Anton Henschel erhält einen Preis der Société d'Encouragement pour l'Industrie Nationale, Paris. Carl Anton Henschel veröffentlicht „Einige Worte über den mechanischen Theil der Eisenbahnen".	Gründung der Aktiengesellschaft Kurfürst Friedrich-Wilhelms-Nordbahn in Kassel. Weber-Aufstand in Schlesien. Elektrische Bogenlampen mit Kohlenstäben aus Feinkohle.

1845	Carl Anton Henschel wird als Beamter pensioniert und tritt als Unternehmer in den Ruhestand. Georg Alexander Carl Henschel übernimmt die Firmenleitung. Carl Anton Henschel verfaßt „Einige nachträgliche Betrachtungen über die Ursachen der Explosionen der Dampferzeuger". Einstellung des englischen Ingenieurs James Brook; erste Henschel-Lieferung an die Friedrich-Wilhelms-Nordbahn.	Baubeginn der Friedrich-Wilhelms-Nordbahn. Revolverdrehbank.
1847	Carl Anton Henschel verfaßt „Erfindung der Dampfmaschine".	Regierungsantritt von Friedrich Wilhelm II., Kurfürst von Hessen-Kassel. Gründung der „Telegraphenbau-Anstalt Siemens & Halske" in Berlin. Fleischextrakt (J. Liebig).
1848	Carl Anton Henschel verfaßt „Einige Gedanken über die Armuth der deutschen Industrie mit specieller Beziehung auf Kurhessen". Erste Henschel-Lokomotive „Drache" an Hessische Friedrich-Wilhelms-Nordbahn ausgeliefert.	März-Revolution in zahlreichen deutschen Staaten. Eröffnung der Frankfurter Nationalversammlung. Forderung nach Begrenzung der Arbeitszeit auf 12 Stunden in Deutschland. „Kommunistisches Manifest" (K. Marx u. F. Engels). Achsen, Räder und Federn aus Gußstahl (Fried. Krupp). Elektrische Telegraphen-Verbindung Berlin-Frankfurt (Main).
1849	Erste Henschel-Lokomotive „Hassia" an die Main-Weser-Bahn geliefert.	Erster „Allgemeiner Arbeiter-Kongress" in Deutschland fordert u. a. gewerkschaftliche Organisation der Arbeiter und Zehn-Stunden-Tag.
1850	Carl Anton Henschel veröffentlicht „Zur Aesthetik der höheren Baukunst".	Die AG Gasbereitungsanstalt Cassel eröffnet die Gasfabrik vor dem Holländischen Tor. Borsig baut 20 Lokomotiven gleichzeitig in einer Halle.
1851		Erste Weltausstellung in London.
1852	Erste Henschel-Lokomotive an die Nürnberg-Fürther Eisenbahn geliefert.	
1854	Erste erhaltene Satzung der Henschel-Fabrikkrankenkasse.	Koalitionsverbot für politische Arbeitervereine in Deutschland. Gesetz zur Errichtung von gewerblichen Unterstützungskassen in Preußen. Prinzip der Kohlenfaden-Glühlampe erfunden (H. Göbel).
1855	Carl Anton Henschel zeigt „Das bequemste Maas- und Gewichtssystem, gegründet auf den natürlichen Schritt des Menschen" mit Dezimal-Unterteilung auf der Pariser Weltausstellung.	Erstes Patent auf das Bessemer-Verfahren, das die Stahl-Massenproduktion ermöglichte.
1856	Antrag auf Genehmigung eines „Henschel'schen Actien-Vereins für Maschinenfabrik und Eisenfabrikation"; 1858 abgelehnt.	
1858	Carl Anton Henschel schreibt Bemerkungen zu H. Chr. Oerstedts Schrift »Der Geist in der Natur«. Erste Henschel-Export-Lokomotiven für die Nederlandsche Rhijn Spoorweg Mij. (Amsterdam-Emmerich).	

1860	Carl Anton Oskar Henschel (1837–1894) übernimmt die Firmenleitung. Henschel-Lokomotive Fabrik-Nr. 50.	Gasmotor, Vorläufer des Otto-Motors (J. J. E. Lenoir).
1861	Erste Henschel-Lokomotive für eine private Industriebahn in Europa.	Universal-Fräsmaschine. Telefon für elektrische Tonübertragung (Ph. Reis).
1862	Henschel & Sohn beteiligt sich an der Weltausstellung London.	
1863		Gründung des Allgemeinen Deutschen Arbeitervereins (F. Lassalle), aus dem 1890 die Sozialdemokratische Partei Deutschlands hervorging. Erste Untergrundbahn der Welt mit Dampfantrieb (London).
1864		Siemens-Martin-Verfahren zur Stahlherstellung mit Schrotteinsatz.
1865	Programmkonzentration auf Lokomotivbau. Henschel-Lokomotive Fabrik-Nr. 100.	
1866	Henschel-Invaliden-, Witwen- und Waisenkasse für Arbeiter.	Kurfürstentum Hessen-Kassel wird preußisch. Dynamoelektrisches Prinzip. Erster deutscher Dampfkesselüberwachungsverein in Mannheim (Vorläufer des TÜV).
1867	Erste Henschel-Werkswohnungen.	Kassel wird Hauptstadt der preußischen Provinz Hessen-Nassau. Aufhebung des Koalitionsverbots in Preußen. Reclam eröffnet „Reclams Universal-Bibliothek". „Das Kapital" Erster Band (K. Marx). Atmosphärischer Gasmotor (N. A. Otto, E. Langen). Stahlbeton (J. Monier).
1868		Einführung des metrischen Maß- und Gewichtsystems für den Norddeutschen Bund.
1869		Gewerbeordnung des Norddeutschen Bundes sichert Gewerbefreiheit. Eröffnung des Suez-Kanals.
1870	Drahtseil-Hängebrücke über die Fulda. Gründung des „Feuerwehr-Corps in der Maschinenfabrik Henschel & Sohn".	Napoleon III. gerät bei Sedan in deutsche Kriegsgefangenschaft und wird auf Schloß Wilhelmshöhe interniert: „Ab nach Kassel". Gründung der Handelskammer Kassel.
1871		Abstammungslehre von C. H. Darwin.
1872	Erstes Anschlußgleis zum Werksgelände am Möncheberg. Carl Anton Oskar Henschel setzt die Firma als Preußischen Staatsbahnlieferanten durch.	Selbsttätige Luftdruckbremse (G. Westinghouse).
1873	Baubeginn des Werks Rothenditmold.	Weltwirtschaftskrise beendet die Konjunktur („Gründerzeit") in Deutschland. Reichsamt für Eisenbahnen. Fabrikmäßige Herstellung von Schreibmaschinen.
1876	Erster großer Lokomotiv-Auslandsauftrag aus Italien. Erste Henschel-Industrie-Schmalspur-Lokomotive mit werksintern genormten Bauteilen.	Einheitliche Währung (Goldmark) im Deutschen Reich. Eröffnung des Telegrafenamts Kassel. Viertakt-Gasmotor mit Verdichtung (N. Otto).

1877	Erste Henschel-900 mm-Schmalspur-Dampflokomotiven.	Erste Dampfstraßenbahn in Deutschland „Cassel Tramways Co." gegründet.
1878	Produktionsbeginn im Hammerwerk des Werkes Rothenditmold. Erste Henschel-Straßenbahn-Dampflokomotiven Europas für Kassel und Oporto (Portugal).	Verbot der sozialdemokratischen, sozialistischen und kommunistischen Vereine („Sozialistengesetz"). Straßenbeleuchtung mit elektrischen Bogenlampen in Berlin (in Paris 1877).
1879	Henschel-Lokomotive Fabrik-Nr. 1 000.	Deutsche Schutzzollgesetze für bestimmte Industrieerzeugnisse (u. a. Roheisen) und Getreide. Erste elektrische Lokomotive (3 PS) von Siemens. Thomas-Verfahren zur Stahlherstellung aus phosphorhaltigem Roheisen.
1880	Erste Henschel-Lokomotive an die Königlich-Preußische Eisenbahn-Verwaltung geliefert.	
1881	Erste Henschel-Straßenbahn-Dampflokomotive für England.	„Kaiserliche Botschaft" kündigt deutsche Sozialgesetzgebung für Arbeiter an. Erste elektrische Straßenbahn Deutschlands in Berlin.
1882		Erste Elektrizitätswerke zur öffentlichen Stromversorgung in New York und London.
1883	Erste Henschel-Verbund-Güterzuglokomotiven geliefert.	Krankenversicherungspflicht in Deutschland. Dampfturbine (C. G. de Laval).
1884	Erster Lokomotiv-Großauftrag aus Rußland.	Unfallversicherungspflicht in Deutschland.
1885	Erste Henschel-Lokomotive an die Rheinischen Stahlwerke (später Rheinstahl AG) geliefert. Henschel-Lokomotive Fabrik-Nr. 2 000.	Verfahren zur Herstellung nahtloser Stahlrohre (R. u. M. Mannesmann). Dreirädriger Kraftwagen mit Otto-Motor (C. Benz). Erstes öffentliches Elektrizitätswerk in Berlin.
1886		Aluminium-Herstellung durch Elektrolyse.
1887	Henschel-Fonds zur Unterstützung unverschuldet in Not geratener Arbeiter und Werkstättenbeamter. Henschel & Sohn erhält Fernsprechanschluß.	
1889		Kaiser Wilhelm II. empfängt in Berlin Delegation streikender Bergarbeiter. Deutsches Invaliditäts- und Altersversicherungsgesetz. Erster brauchbarer Drehstrommotor mit Kurzschlußläufer (M. Dolivo-Dobrowolski).
1890		Lochkartenmaschine erstmals eingesetzt (H. Hollerith).
1891	Erster Lokomotiv-Auftrag aus China.	Erstes öffentliches Elektrizitätswerk in Kassel: „Neue Mühle" an der Fulda (150 kW).
1892	Erste Henschel-Schneeschleuder-Maschine zum Räumen von Eisenbahngleisen geliefert.	Dampfmaschinen für Dampftemperaturen bis 350 °C (W. Schmidt).
1893	Bau einer Kesselschmiede im Werk Rothenditmold.	Verbrennungsmotor mit Brennstoff-Einspritzung (R. Diesel).
1894	Sophie Henschel geb. Caesar (1841–1915) übernimmt Unternehmensleitung. Bau einer elektrischen Kraft- und Lichtzentrale im Werk Rothenditmold.	

1895	Erster türkischer Großauftrag für die Orientalische Eisenbahn-Gesellschaft.	Wasserweg Kassel-Bremen und Hafen Kassel eröffnet.
1896	Anschaffung der ersten Schreibmaschinen.	Erste elektrische Untergrundbahn der Welt (Budapest).
1897	Bau eines zentralen Dampf- und Elektrizitätswerks im Werk Kassel (1 430 kW).	
1898	Erste Henschel-Heißdampf-Personenzuglokomotive der Welt. Fonds für rekonvaleszente Henschel-Arbeiter. Sängervereinigung der Henschel'schen Werke.	
1899	Pensions-, Witwen- und Waisenkasse für Henschel-Beamte. Henschel-Lokomotive Fabrik-Nr. 5 000.	Elektrifizierung der Kasseler Straßenbahn.
1900	Carl Anton Theodor Ferdinand Henschel (1873–1924) wird Teilhaber. Erste Henschel-Heißdampf-Tenderlokomotive der Welt.	Bürgerliches Gesetzbuch und Handelsgesetzbuch treten in Deutschland in Kraft. Erstes brauchbares Starr-Luftschiff („Zeppelin").
1901	Modernisierung des Werks Kassel (bis 1904).	
1902	Bau des Wohlfahrtshauses in Kassel. Erster Überseeauftrag für die Ägyptische Staatsbahn.	
1903	Erste Lokomotiv-Aufträge aus Spanien und Japan.	Elektrische Drehstrom-Vollbahn-Lokomotive von Siemens und AEG (210 km/h).
1904	Erwerb der Henrichshütte in Hattingen. Erste stromlinienartig verkleidete Lokomotive der Welt auf der Weltausstellung St. Louis (USA).	
1905	Erste elektrische Henschel-Lokomotive (50 kW). Einrichtung und Bau einer Fortbildungsschule für Henschel-Lehrlinge. Einrichtung einer Haushaltungsschule für Töchter und junge Frauen von Henschel-Arbeitern.	Erster deutscher Motoromnibus im Linienverkehr in Berlin. Erstes gepanzertes Motorfahrzeug (Daimler-Motoren-Gesellschaft Wien).
1906	Werkschule wird anerkannte Berufsschule. Erster argentinischer Lokomotiv-Großauftrag.	Erste Diesel-Lokomotive. Gasturbine (H. Holzwarth).
1908	Erster Henschel-Dampftriebwagen.	
1910	Henschel-Lokomotive Fabrik-Nr. 10 000. Erste Henschel-Lokomotive mit Vergasermotor (25 PS). Erste elektrische Henschel-Personen- und Güterzug-Lokomotive (1 180 kW). Erster Lokomotiv-Auftrag für die Brasilianische Zentralbahn.	
1911	Henschel-Konsumanstalt gegründet. Erste feuerlose Henschel-Dampfspeicherlokomotive.	Pflichtversicherung für Angestellte gegen Invalidität in Deutschland.
1912	Carl Anton Theodor Ferdinand Henschel wird Allein-inhaber. „Musikvereinigung für Blas- und Streichinstrumente" (Henschel-Orchester) gegründet. „Turnverein der Henschel'schen Werke" gegründet.	

1913	Erster Lokomotiv-Großauftrag der Chilenischen Staatsbahn.	1000-Jahr-Feier in Kassel. Vorschläge für eine Magnetschwebebahn (USA).
1916	Erster Lokomotiv-Großauftrag der deutschen Feldeisenbahn-Verwaltung.	„Hindenburg-Programm“ zur Verstärkung der Rüstungsproduktion und „Hilfsdienstpflichtgesetz“ in Deutschland.
1917	Baubeginn des Werks Mittelfeld. Erste Henschel-Einheitslokomotiven an mehrere deutsche Staatsbahnen geliefert.	Deutsche Industrienorm (DIN). Deutsche Staatseisenbahnen einigen sich auf eine Einheitslokomotive.
1918	Werk Mittelfeld: Eisen- und Metallgießerei fertiggestellt.	
1919		Versailler Vertrag schreibt u. a. Ablieferung von 5 000 Lastwagen, 5 000 Lokomotiven und 150 000 Eisenbahnwagen vor.
1921	Interessengemeinschaft der Henrichshütte mit Essener Steinkohlenbergwerke AG und Bergbau-AG Lothringen unter Kapitalbeteiligung von Henschel & Sohn.	
1923	Gründung der Öllokomotiv-GmbH zusammen mit der Motorenfabrik Deutz AG und der Maschinenbauanstalt Humboldt AG. Lösung der Interessengemeinschaft von 1921; Übernahme der Kapitalmehrheit an den beiden Zechengesellschaften. Henschel-Lokomotive Fabrik-Nr. 20 000. Erste dieselhydraulische Henschel-Lokomotive mit Lentz-Flüssigkeitsgetriebe.	Ruhrbesetzung, Ruhrkampf, Höhepunkt der Inflation und Währungs-Neuordnung. Taktstraße zur Bearbeitung von Zylinderblöcken (Großbritannien). Hydraulische Getriebe (USA).
1924	Oscar Robert Henschel (1899–1982) übernimmt die Unternehmensleitung. Gründung der Studiengesellschaft für Kohlenstaubfeuerung auf Lokomotiven (Stug) mit Sitz in Kassel. Erste Henschel-Straßenbaumaschinen.	Räumung des Ruhrgebiets. Einführung der Reichsmark. Reichsausschuß für Arbeitszeitermittlung (REFA).
1925	Erste Henschel-Hochdruck-Schnellzuglokomotive der Welt (2 000 PS). Erste Henschel-Einheitslokomotiven für die Deutsche Reichsbahn. Erste Henschel-Druckluftlokomotive. Beginn des Henschel-Kraftwagen- und Motorenbaus in Lizenz.	Gründung der I. G. Farbenfabriken AG (Frankfurt/Main). Deutsche Reichsbahn führt Einheitslokomotive ein.
1926	Erste Henschel-Abdampfturbinen-Triebtenderlokomotive der Welt (1 150 PS).	Gründung der Vereinigte Stahlwerke AG (Düsseldorf) aus den Unternehmensgruppen Phoenix, Stinnes, Thyssen und Rheinische Stahlwerke.
1928	Übernahme der Lokomotivquote der R. Wolf AG, Magdeburg-Buckau, Abteilung Lokomotivfabrik Hagans, Erfurt. Erste Henschel-Kohlenstaubfeuerungs-Lokomotive (1 540 PS). Erste Eigenentwicklung eines Sechszylinder-Vergasermotors.	Erste autobahnähnliche Schnellstraße Köln-Bonn.

1929	Oscar R. Henschel wird Aufsichtsratsvorsitzender der Henschel & Sohn AG. Umwandlung der Henschel & Sohn GmbH in eine Aktiengesellschaft im Zusammenhang mit der Gründung einer Interessengemeinschaft mit der Lokomotivfabrik J. A. Maffei, die Ende des Jahres aufgelöst wird. Verkauf der Anteile an der Essener Steinkohlenbergwerke AG und der Bergbau-AG Lothringen an die Gelsenkirchener Bergbau AG. Versuche mit Holzgas und Holzkohlengas als Antrieb für Henschel-Fahrzeuge.	Beginn einer Weltwirtschaftskrise nach Börseneinbruch in USA.
1930	Übernahme der halben Lokomotivquote der Linke-Hofmann-Busch-Werke AG, Breslau. Einbringung der Henrichshütte in die Ruhrstahl AG. Beginn der Schneckengetriebe-Fertigung nach Lizenz der David Brown Ltd., Huddersfield (Großbritannien).	4,4 Millionen Arbeitslose. Erste große Notverordnung zur Sicherung von Wirtschaft und Finanzen. Schienenpropellertriebwagen (F. Kruckenberg). Strahltriebwerk (F. Whittle).
1931	Übernahme der Lokomotivquote und der Fertigungsunterlagen der Hannoversche Maschinenbau-AG vorm. Georg Egestorff, Hannover (Hanomag). Erste Henschel-Kondensationslokomotive. Erste dieselelektrische Henschel-Lokomotiven (330 PS und 450 PS). Erwerb einer Lizenz zum Bau von Doble-Dampfmotoren für Straßenfahrzeuge. Zwölfzylinder-Vergasermotor mit zwei Kurbelwellen (250 PS) für schwere Lastwagen und Omnibusse.	5,6 Millionen Arbeitslose, Bankkrach und Konkurswelle in Deutschland. Fusion der Lokomotivfabriken J. A. Maffei und Krauss & Co. (München).
1932	Lokomotivbau von Januar bis Mai stillgelegt. Schließung von Haushaltsschule und Kindergärten. Dampfmotor-Schnelltriebwagen mit Schnelldampferzeuger Bauart Doble. Erster Henschel-Lanova-Dieselmotor (100 PS) zur Ausrüstung von Nutzfahrzeugen.	Streichung der Reparationsschulden durch Zahlung einer Abfindungssumme. Beginn staatlicher Arbeitsbeschaffungsmaßnahmen.
1933	Oscar R. Henschel wird Vorstandsvorsitzender der Henschel & Sohn AG. Gründung der Henschel Flugzeug-Werke AG. Erste elektrische Henschel-Schnellzuglokomotive (130 km/h) mit Einzelradsatz-Antrieb (2160 kW). Erster Henschel-Dampfomnibus. Entwicklungsauftrag für ein leichtes gepanzertes Kettenfahrzeug.	
1934	Gründung der Deutsche Brown-Getriebe GmbH zusammen mit der David Brown Ltd. Gründung der Henschel-Warenversorgung GmbH aus der Abteilung Konsumanstalt. Konzentration der Henschel-Nutzfahrzeugproduktion im Werk Mittelfeld.	

1935	Neue Gießerei im Werk Mittelfeld in Betrieb. Wiedereröffnung von Haushaltsschule und Kindergärten. Baubeginn einer Eigenheim-Arbeitersiedlung. Erste Henschel-Stromlinien-Schnellfahr-Tender-Lokomotive (175 km/h) für Deutsche Reichsbahn-Gesellschaft (Henschel-Wegmann-Zug). Erste Henschel-Schnellfahrlokomotive mit Fernsteuerung für Wendezugbetrieb.	Rüstungsausgaben übersteigen in Deutschland erstmals zivile Investitionen. Erstes deutsches Patent auf ein elektromagnetisches Schwebesystem (H. Kemper). Erster Wendezugbetrieb (Zug- und Schiebebetrieb) in Deutschland bei der Lübeck-Büchener Eisenbahn.
1936	Gründung der Henschel Flugmotorenbau GmbH.	Vierjahresplan, um wirtschaftliche Autarkie Deutschlands zu erreichen.
1937	Oscar R. Henschel wird Vorsitzender der Geschäftsführung der Henschel & Sohn GmbH. Umwandlung der Henschel & Sohn AG in eine GmbH. 20 Häuser der Werkssiedlung Heckershausen fertiggestellt.	Beginn der Rohstoffbewirtschaftung in Deutschland.
1938	Auslieferung des ersten in Serie gebauten Panzerkampfwagens I.	
1939	Elektrische Henschel-Schnellfahrlokomotive (4 080 kW, 225 km/h). Braunkohlentagebau-Dampflokomotive mit Doppelgelenk „Bauart Henschel". Fertigungsbeginn für Oberleitungs-Omnibusse.	Beginn der Lebensmittelrationierung (26. August) in Deutschland; Lohn- und Preisstop (1. September).
1941	Henschel-Lokomotive Fabrik-Nr. 25 000: Stromlinien-Lokomotive mit Dampfmotoren für Einzelradsatzantrieb (175 km/h). Vorstellung des ersten „Deutschen Einheitslastwagens" für 4,5 t Nutzlast Typ Henschel-Merkur.	Gasturbinenlokomotive (Schweiz). Programmgesteuerte Rechenmaschine auf Relaisbasis (K. Zuse).
1942	Oscar R. Henschel übernimmt den Vorsitz im Aufsichtsrat der Henschel & Sohn GmbH. Verlagerung des Henschel-Kraftfahrzeugbaus nach Wien.	Erste Kettenreaktion im Kernreaktor (Universität Chicago).
1943	Erste Henschel-Serien-Kondensationslokomotive an die Deutsche Reichsbahn geliefert. Beginn der Serienproduktion des Panzerkampfwagens Tiger I.	Luftangriff zerstört die Stadt Kassel zu 78% (22. Oktober). Rationalisierung der deutschen Kriegswirtschaft durch Typenstandardisierung, Massenfertigung und Festpreissystem.
1944	Auslieferung der letzten Henschel-Schmalspur-Lokomotive mit werksintern genormten Bauteilen. Beginn der Serienproduktion des Panzerkampfwagens Tiger II („Königstiger").	
1945	Oscar R. Henschel wird verhaftet und interniert. Zerstörungsgrad der drei Kasseler Henschel-Werke bei Kriegsende rd. 80%. Erste Betriebsgenehmigungen für Aufräumungsarbeiten und Lokomotivreparaturen in den Henschel-Werken in Kassel. Gründung der Hessische Industrie- und Handels-GmbH (Hessia), die den ausgegliederten Nutzfahrzeugbau aufnimmt. Mitarbeiter: Über 15 000 (März), 80 (April).	Besetzung von Kassel durch US-Truppen (3. April). Alliierter Kontrollrat übernimmt Regierungsgewalt in Deutschland. Potsdamer Abkommen regelt für Deutschland u. a. vorläufige Grenzen, Entflechtung und Kontrolle der Wirtschaft.

1946	Betriebserlaubnis für Neubau von Industrielokomotiven, Straßenbaumaschinen, Holzbearbeitungsmaschinen, Kraftfahrzeugreparaturen und Klein-Dieselmotoren. Wiederaufnahme des Unterrichts in der Werksberufsschule.	Demontage-Stop in der US-Zone.
1948	Rückführung des Nutzfahrzeugbaus in die Henschel & Sohn GmbH.	Einbeziehung der 1947 gegründeten Bizone in den Marshall-Plan.
1949	Oscar R. Henschel übernimmt den Vorsitz in der Geschäftsführung der Henschel & Sohn GmbH. Vermögenskontrolle aufgehoben. Henschel-Warenversorgung GmbH liquidiert. Erste Nutzfahrzeug-Neukonstruktion nach dem Krieg.	Petersberger Abkommen beendet alle Demontagemaßnahmen.
1950	Dekartellisierungsanordnung für die Henschel-Firmengruppe aufgehoben. Erste Neubau-Dampflokomotiven für die Deutsche Bundesbahn. Henschel-Bimot-Omnibusse mit Doppelmotoren 2x95 PS. Produktionsbeginn von Henschel-Werkzeugmaschinen; Fertigung von Holzbearbeitungsmaschinen eingestellt.	Ende der Lebensmittelrationierung in Westdeutschland. Sauerstoff-Aufblasverfahren für die Stahlherstellung (Österreich). Entwicklung von Baukastensystemen für Werkzeugmaschinen.
1951	Gründung der Henschel Export GmbH durch Namensänderung einer seit 1922 bestehenden Henschel-Tochtergesellschaft. Erste Henschel-Standard-Industrie-Diesellokomotiven.	Beitritt der Bundesrepublik zum Allgemeinen Zoll- und Handelsabkommen (GATT).
1952	Erste elektrische Neubau-Lokomotive für die Deutsche Bundesbahn. Instandsetzung von Baugeräten für US-Armee und Lokomotivreparaturen für Bundesbahn ausgelaufen.	Vertrag über die Gründung der Europäischen Gemeinschaft für Kohle und Stahl ratifiziert. Betriebsverfassungsgesetz regelt Einrichtung und Rechte des Betriebsrats in der Bundesrepublik Deutschland.
1953	Fertigungsbeginn von Henschel-Werkzeugmaschinen aus Aufbaueinheiten. Lieferung der ersten Henschel-Kondensations-Lokomotiven an die Südafrikanischen Eisenbahnen (3 000 PS).	Londoner Schuldenabkommen schafft Voraussetzung für die Wiedereingliederung der Bundesrepublik Deutschland in den internationalen Wirtschafts- und Zahlungsverkehr. Deutsche Bundesbahn setzt Leichtbau-Ferntriebwagenzüge ein (800 PS, 120 km/h).
1954	Lizenzvertrag mit General Motors Corp. (USA) über den Bau dieselelektrischer Lokomotiven. Erste neuartige elektrische Henschel-Umformer-Lokomotive für Einphasen-Wechselstrom. Erster deutscher Gelenk-Oberleitungs-Omnibus. Henschel Flugmotorenbau GmbH entwickelt einen Leichtbau-Dieselmotor und baut Mischer für die chemische und die Gießerei-Industrie.	Beitritt der Bundesrepublik zum Nordatlantik-Pakt. Erstes Leistungs-Kernkraftwerk (5 000 kW) (UdSSR).
1955	Alle Henschel-Werke wild bestreikt. Erste elektrische Henschel-Gleichrichter-Lokomotive für Einphasen-Wechselstrom. Letzter Henschel-Dampflokomotiv-Neubau für die Deutsche Bundesbahn.	Wilde Streiks um Teuerungszulagen. Internationale Konferenz über automatische Fabriken in England; „Automatisation" gilt als Beginn einer neuen industriellen Revolution.

1956	Oscar R. Henschel scheidet aus der Geschäftsführung aus und wird Ehrenvorsitzender des Aufsichtsrats. Übertragung der Henschel Flugmotorenbau GmbH auf die Muttergesellschaft und Übernahme des Fertigungsprogramms. Ablieferung der ersten elektrischen Henschel-Lokomotive Baureihe E 41 der Deutschen Bundesbahn. Erste dieselelektrische Henschel-GM-Lokomotive. Bau des ersten Henschel-Direkteinspritzer-Dieselmotors. Erste Kraftfahrzeugaufträge der Bundeswehr. Einführung des innerbetrieblichen Vorschlagwesens. Einführung der Fünf-Tage-Woche mit 45 Arbeitsstunden.	Einführung der 45-Stunden-Woche für die metallverarbeitende Industrie in der Bundesrepublik Deutschland.
1957	Vergleichsverfahren für die Henschel & Sohn GmbH. Gründung der Henschel-Werke GmbH als Betriebsgesellschaft. F. A. Goergen übernimmt den Vorsitz im Aufsichtsrat beider Gesellschaften. Verkauf des Flugmotorenwerks Altenbauna.	Gesetz gegen Wettbewerbsbeschränkung in der Bundesrepublik („Grundgesetz der Sozialen Marktwirtschaft“). Unterzeichnung der Römischen Verträge für die Gründung einer Europäischen Wirtschaftsgemeinschaft zwischen den Ländern der Montan-Union. Erste künstliche Erdsatelliten (UdSSR). Erster deutscher Kernreaktor in Betrieb (TH München).
1958	F. A. Goergen übernimmt den Vorsitz in der Geschäftsführung der Henschel & Sohn GmbH. Die Henschel-Werke GmbH pachtet die Anlagen der Henschel & Sohn GmbH und übernimmt das laufende Geschäft sowie die Darlehensverpflichtungen und das Vorratsvermögen. Werkswohnungsbesitz wird verkauft. Ablieferung des letzten Henschel-Dampflokomotiv-Neubaus. Aufnahme des Baus von Schwermaschinen.	Abkommen über freie Konvertibilität der Währungen zwischen der Bundesrepublik und neun westeuropäischen Staaten.
1959	Übernahme aller Anteile an der Henschel & Sohn GmbH aus dem Besitz der Familie Henschel durch ein Konsortium, bestehend aus H. Coutinho, F. A. Goergen sowie drei Banken zum 1. Januar 1959. Gründung der E. W. Bliss-Henschel GmbH zum Bau von Walzwerkseinrichtungen nach Bliss-Lizenzen (Bliss 75%). Vorzeitige Rückzahlung der letzten sechs Vergleichsraten. Umwandlung der Auffanggesellschaft Henschel-Werke GmbH auf die Henschel & Sohn GmbH, die den Namen Henschel-Werke GmbH übernimmt. Henschel-Lokomotive Fabrik-Nr. 30 000. Beginn der Entwicklungsarbeiten für die Schützenpanzer-Familie.	
1960	Erste Henschel-Zweifrequenz-Lokomotiven (2 760 kW). Erste Henschel-Vorrichtungen zur Entsorgung von Kernkraftwerken. Erster Schmiedemanipulator im Werk Rothenditmold.	Laser (USA). Erstes Weltraumschiff kehrt nach 17 Erdumkreisungen unversehrt zurück (UdSSR). Baubeginn des ersten deutschen Versuchs-Kernkraftwerks Kahl/Main (15 000 kW).

1961	Teilweise Übernahme der Diesellokomotiv-Fertigung von der Maschinenfabrik Esslingen. Kooperationsvertrag mit dem französischen Automobilhersteller Saviem. Der letzte Hochleistungs-Ersatzdampfkessel einer Bundesbahn-Lokomotive verläßt das Werk Kassel.	Erster Mensch im All (J. Gagarin, UdSSR).
1962	Umwandlung der GmbH in eine AG; Grundkapital 53 Mio. DM, davon 51% bei F. A. Goergen und 44% bei Morgan Guaranty Trust Comp. (USA); F. A. Goergen übernimmt Vorstandsvorsitz. Dieselhydraulische Henschel-Hochleistungslokomotiven (4 000 PS) für UdSSR und Deutsche Bundesbahn. Erster Motor-Scraper von Henschel in Europa. Einführung der bargeldlosen Lohn- und Gehaltszahlung.	Erster Industrieroboter (USA).
1963	Beginn der Entwicklungsarbeiten für eine verschleißarme Universal-Lokomotive mit Drehstrom-Leistungsübertragung. Kooperationsvertrag mit der Commer Ltd. (Britische Rootes-Gruppe).	
1964	Erwerb aller Aktien der Henschel-Werke AG durch die Rheinischen Stahlwerke; F. A. Goergen scheidet aus dem Unternehmen aus.	
1965	Neuer Firmenname: Rheinstahl Henschel AG. Organisatorische Zusammenfassung der Nutzfahrzeug- und der Baumaschinenbereiche mit der Rheinstahl Hanomag AG. Übergabe der bei Henschel gebauten ersten elektrischen Schnellfahrlokomotive Baureihe 103 an die Deutsche Bundesbahn. Vereinbarung mit der Brown, Boveri & Cie AG über Entwicklung einer Universal-Lokomotive mit Drehstrom-Leistungsübertragung. Auslieferung des ersten Serienfahrzeugs Jagdpanzer Kanone der Schützenpanzer-Familie.	Elektrische Schnellfahrlokomotive Baureihe 103 der Deutschen Bundesbahn fährt im planmäßigen Zugverkehr Augsburg-München erstmals in Europa Geschwindigkeiten bis 200 km/h. Internationale Verkehrsausstellung München (IVA 65).
1966	Nachbaulizenz für einen Henschel-Dieselmotor an die Wola-Werke, Warschau.	
1967	Übernahme von Vertrieb und Wartung des Hanomag-Nutzfahrzeugprogramms durch die Henschel-Nutzfahrzeuggesellschaften. Erste dieselhydraulische Henschel-Hochleistungslokomotiven (5 000 PS) für die Volksrepublik China.	
1968	Neue Schrottschere „Autofalter".	Gemeinsamer Zolltarif für die Europäische Wirtschaftsgemeinschaft.
1969	Übertragung des Nutzfahrzeugbereichs auf die Hanomag-Henschel Fahrzeugwerke GmbH (Anteil der Daimler Benz AG 51%, ab 1972 100%). Verkauf von 50% des Grundkapitals der Henschel Flugzeug-Werke AG an die Vereinigte Flugtechnische Werke GmbH, Bremen. Übernahme der Diesellokomotiv-Fertigung der Klöckner-Humboldt-Deutz AG. Auslieferung der ersten Fluggastbrücken.	Erste Landungen von Menschen auf dem Mond (USA). Beginn der Entwicklungsarbeiten für die Magnetschwebetechnik in Deutschland.

1970	Im Zusammenhang mit der Neuorganisation der Rheinstahl-Gruppe Umwandlung auf die Rheinstahl AG. Aufteilung der Produktionsprogramme auf mehrere Geschäftsbereiche; Kassel wird Sitz der Geschäftsbereiche Transporttechnik und Sonderfertigung. Zuordnung der Henschel Export GmbH zum Geschäftsbereich Handel und Anlagentechnik. Eröffnung des Forschungszentrums für Fertigungstechnik und Erzeugnisuntersuchung im Werk Mittelfeld. Erste elektrische Schnellfahrlokomotive für Geschwindigkeiten bis 250 km/h (Baureihe E 103).	Gründung einer Gesamthochschule in Kassel.
1971	Erste dieselelektrische Henschel-BBC-Lokomotive der Welt Typ DE 2500 mit Drehstrom-Leistungsübertragung und neuartigen Laufwerken. Auslieferung des ersten Serienfahrzeugs Schützenpanzer Marder.	
1972	Zuordnung des Geschäftsbereichs Sonderfertigung zum Geschäftsbereich Transporttechnik. Stillegung und Verkauf des Stammwerks am Möncheberg. Stillegung der Gießerei im Werk Mittelfeld. Auslieferung der leistungsfähigsten serienmäßig gebauten dieselhydraulischen Henschel-Lokomotiven der Welt (5 400 PS) für die Volksrepublik China.	Reform des Betriebsverfassungsgesetzes von 1952.
1973	Dieselhydraulische Henschel-Standard-Lokomotiven bis 1 200 PS. Zwei weitere dieselelektrische Lokomotiven System Henschel-BBC DE 2500 für die Erprobung bei der Deutschen Bundesbahn.	Welt-Erdölkrise nach drastischen Rohölpreiserhöhungen durch die OPEC.
1974	Übernahme der Rheinstahl AG durch die August Thyssen-Hütte AG. Verlagerung des Henschel-Werkzeugmaschinenbaus in das Werk Witten-Annen. Beginn der Forschungs- und Entwicklungsarbeiten am Magnetbahnsystem.	Eine Bundesbahn-Lokomotive der Baureihe E 103 fährt mit 253 km/h Geschwindigkeitsrekord für Elektrolokomotiven.
1975	Erste Versuchsanlage der Welt für Magnetschwebetechnik mit Langstatorantrieb im Werk Mittelfeld. Henschel-Schrottmühle. Auslieferung des ersten Serienfahrzeugs Spähpanzer Luchs.	Deutsche Bundesbahn erwägt Verringerung des Streckennetzes von 29 000 auf 10 000 bis 15 000 Kilometer.
1976	Nach Umfirmierung der Muttergesellschaft in Thyssen Industrie AG neue Geschäftsbereichsbezeichnung: Thyssen Henschel. Erste serienmäßige elektrische Henschel-BBC-Industrielokomotiven der Welt Typ E 1200 mit Drehstrom-Leistungsübertragung.	Gesetz über paritätische Mitbestimmung der Arbeitnehmer in der Bundesrepublik Deutschland.
1977	Erste Henschel-BBC-Zweikraft-Lokomotive der Welt Typ EDE 1000/500 mit Drehstrom-Leistungsübertragung für Oberleitungs- und dieselelektrischen Betrieb.	
1978	Auslieferung der ersten Serienfahrzeuge Raketenjagdpanzer Jaguar 1 und Flugabwehrraketenpanzer Roland.	Entwicklungs- und Baubeginn einer Langstator-Magnetschwebebahn-Versuchsanlage für maximale Betriebsgeschwindigkeiten von 400 km/h im Emsland.

1979	Erster Prototyp der elektrischen Universal-Lokomotive Baureihe E 120 mit Drehstrom-Leistungsübertragung für die Deutsche Bundesbahn. Erste Magnetschwebebahn-Demonstrationsanlage der Welt für fahrplanmäßigen Personenverkehr in Hamburg in Betrieb (IVA 79). Auslieferung des ersten Serienfahrzeugs Transportpanzer Fuchs.	Internationale Verkehrsausstellung Hamburg (IVA 79).
1980	Erste dieselelektrische Henschel-GM-Lokomotive mit Drehstrom-Leistungsübertragung.	
1981	Einbringung des Bereichs Antriebstechnik in die Thyssen Getriebe- und Kupplungswerke GmbH. Explosionsgeschützte dieselhydraulische Henschel-Lokomotive.	
1982	Gründung der Transrapid International Ges. für Magnetbahnsysteme zusammen mit der Krauss-Maffei AG und der Messerschmitt-Bölkow-Blohm GmbH. Verkauf der Beteiligung an der Henschel Flugzeug-Werke AG an die Zahnradfabrik Friedrichshafen AG. Erste dieselelektrische Lokomotive der Welt mit Umkoppelung der Antriebsmassen Henschel-BBC DE 2500 UmAn für Geschwindigkeiten bis 250 km/h. Versuchsfahrten mit integrierten Henschel-Triebdrehgestellen für Lokomotivgeschwindigkeiten über 250 km/h. Auslieferung des ersten Beobachtungspanzers Artillerie und des ersten Radpanzers Condor. Ablieferung einer Brennelemente-Bündelschere für die Wiederaufbereitung von Kernbrennstoffen.	
1983	Auslieferung des ersten Serienfahrzeugs Raketenjagdpanzer Jaguar 2.	
1984	Zusammenführung der Geschäftsbereiche Thyssen Henschel, Waggon Union GmbH und Thyssen Getriebe- und Kupplungswerke GmbH zur Konzentration der Aktivitäten im Bereich des spurgebundenen Verkehrs. Übernahme der Systemführung bei der Magnetschwebebahn-Entwicklung.	Geschwindigkeitsweltrekord (265 km/h) eines mit Personen besetzten Zuges mit einer Lokomotive Baureihe E 120 mit Drehstrom-Leistungsübertragung. Geschwindigkeitsweltrekord (302 km/h) des Magnetschwebefahrzeugs Transrapid 06.
1985	Auslieferung eines Triebkopfes für den Intercity Experimental ICE.	Vorstellung des Hochgeschwindigkeitszuges Intercity Experimental ICE der Deutschen Bundesbahn.